집중력과 기억력을 높이는
미로 찾기

KB218805

집중력과 기억력을 높이는
미로 찾기

초판 1쇄 발행 2018년 7월 20일
초판 15쇄 발행 2025년 1월 20일

그린이 | 아델 디샤넬
펴낸이 | 박찬욱
펴낸곳 | 오렌지연필
주　소 | 경기도 고양시 덕양구 삼원로 73 한일윈스타 1422호
전　화 | 031-994-7249
팩　스 | 0504-241-7259
메　일 | orangepencilbook@naver.com

편　집 | 미토스
디자인 | 서진원

ⓒ 오렌지연필

ISBN 979-11-958553-6-0 (13690)

이 도서의 국립중앙도서관 출판예정도서목록(CIP)은 서지정보유통지원시스템 홈페이지(http://seoji.nl.go.kr)와
국가자료공동목록시스템(http://www.nl.go.kr/kolisnet)에서 이용하실 수 있습니다. (CIP제어번호 : CIP2018021960)

BEST
두뇌 트레이닝

집중력 UP
기억력 UP

집중력과 기억력을 높이는

미로찾기

그림 | 아델 디샤넬

오렌지연필

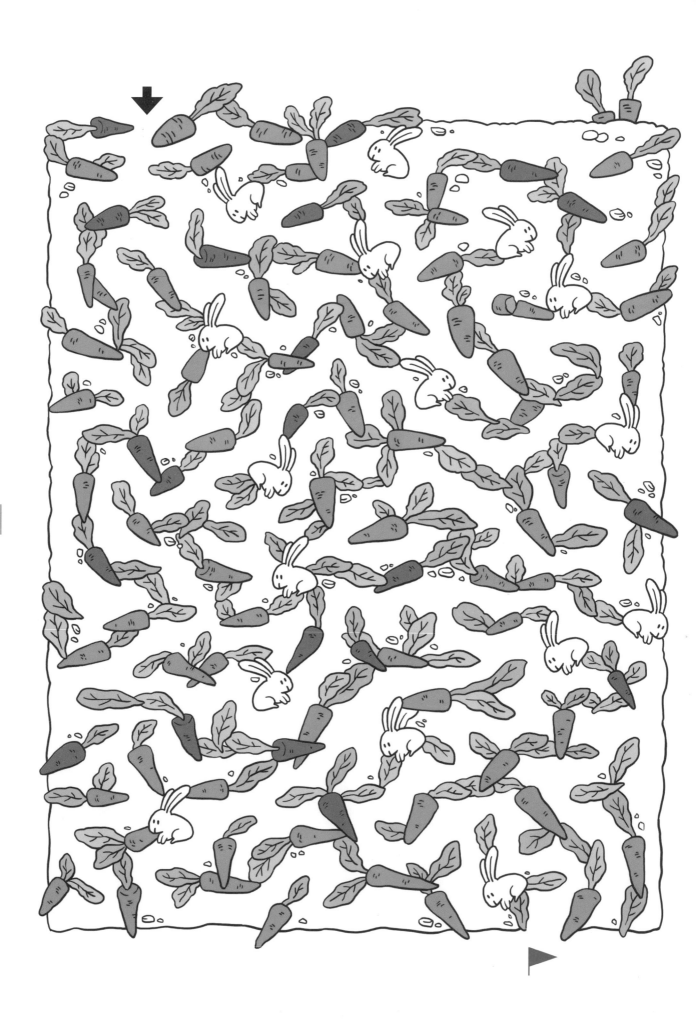

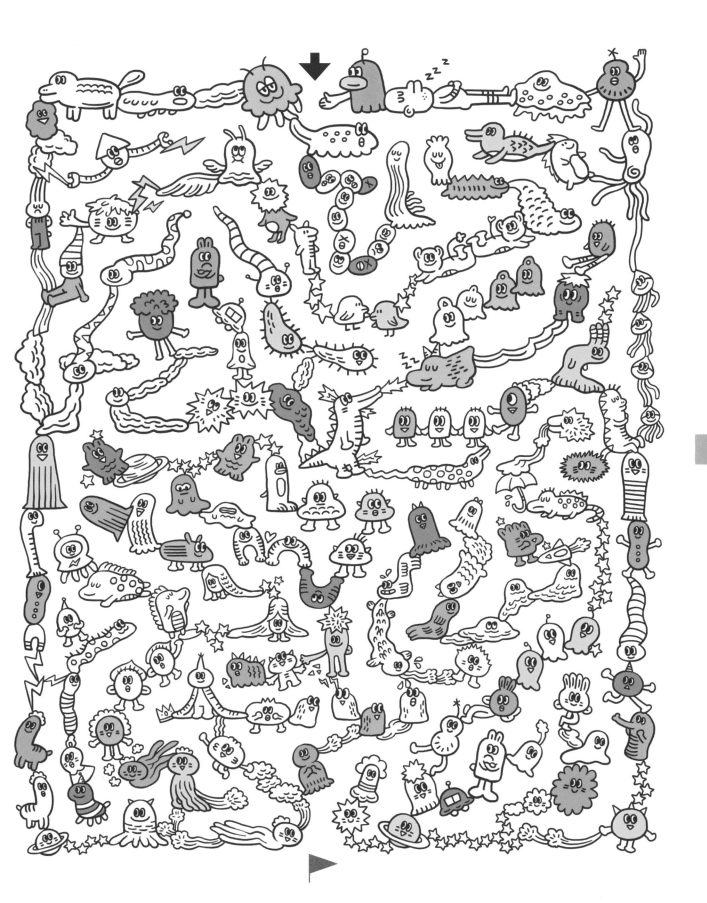

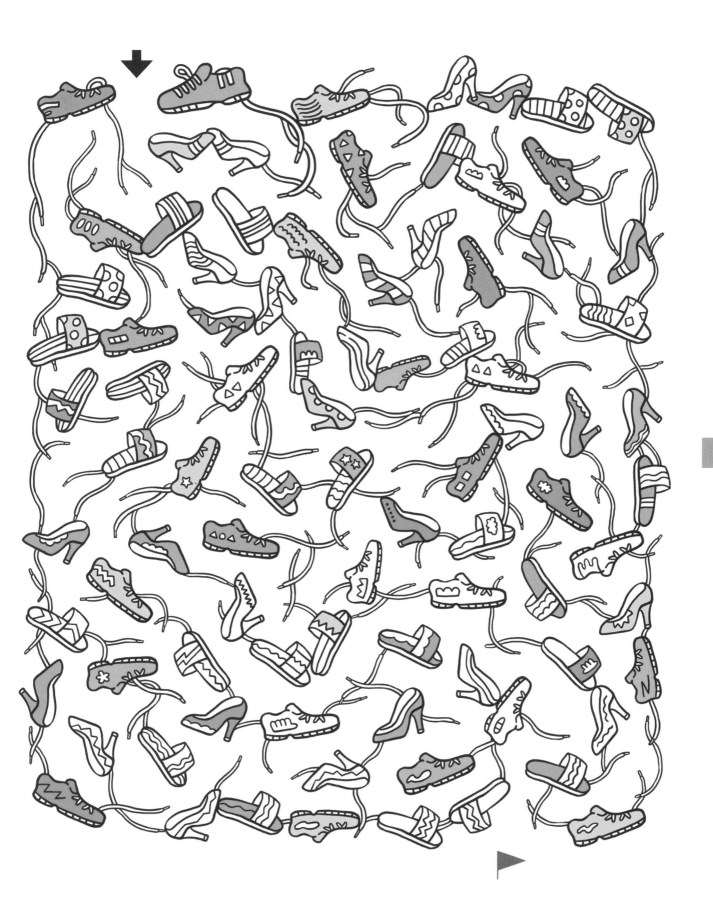

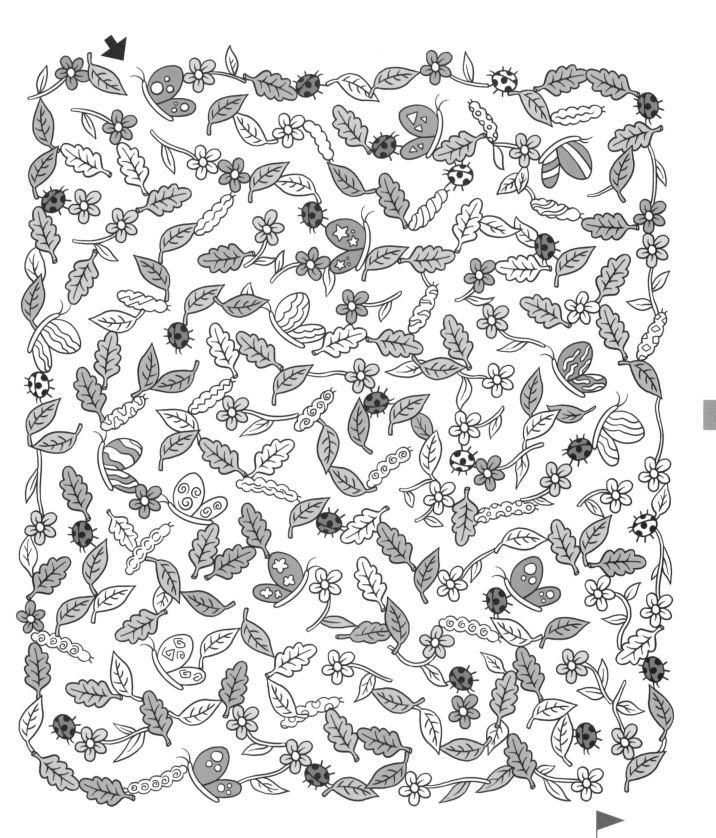

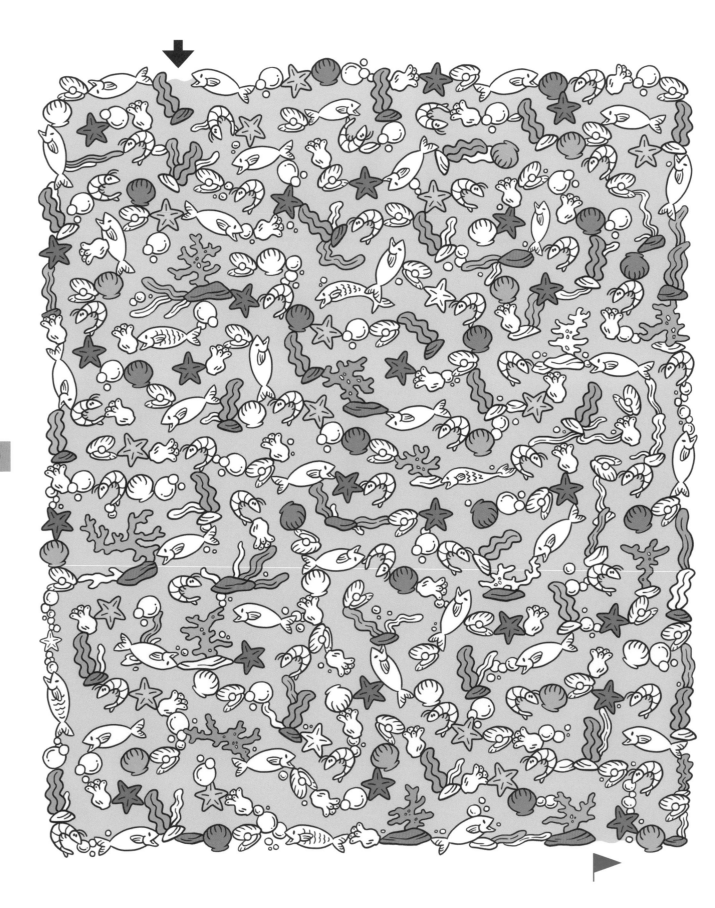

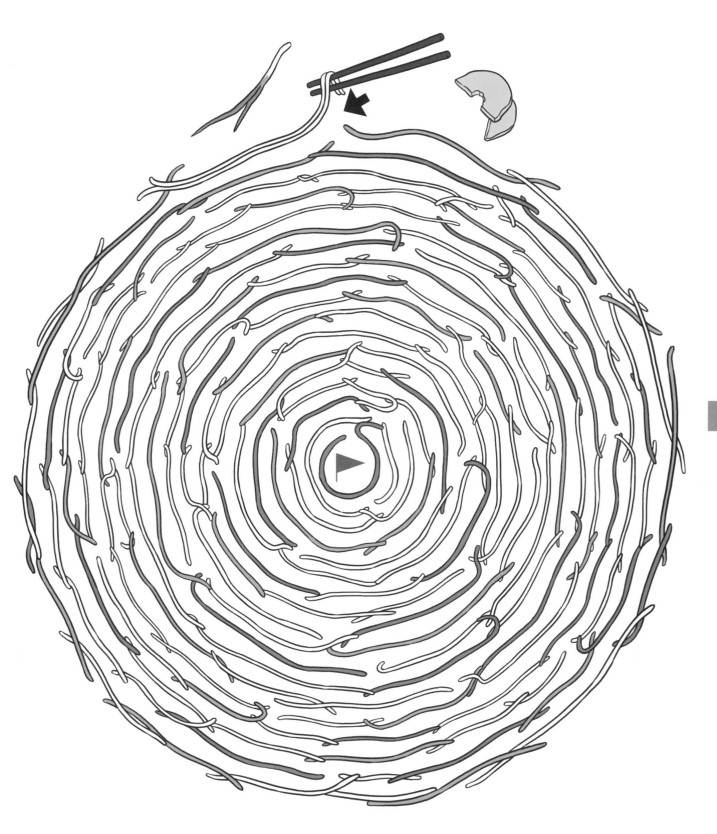

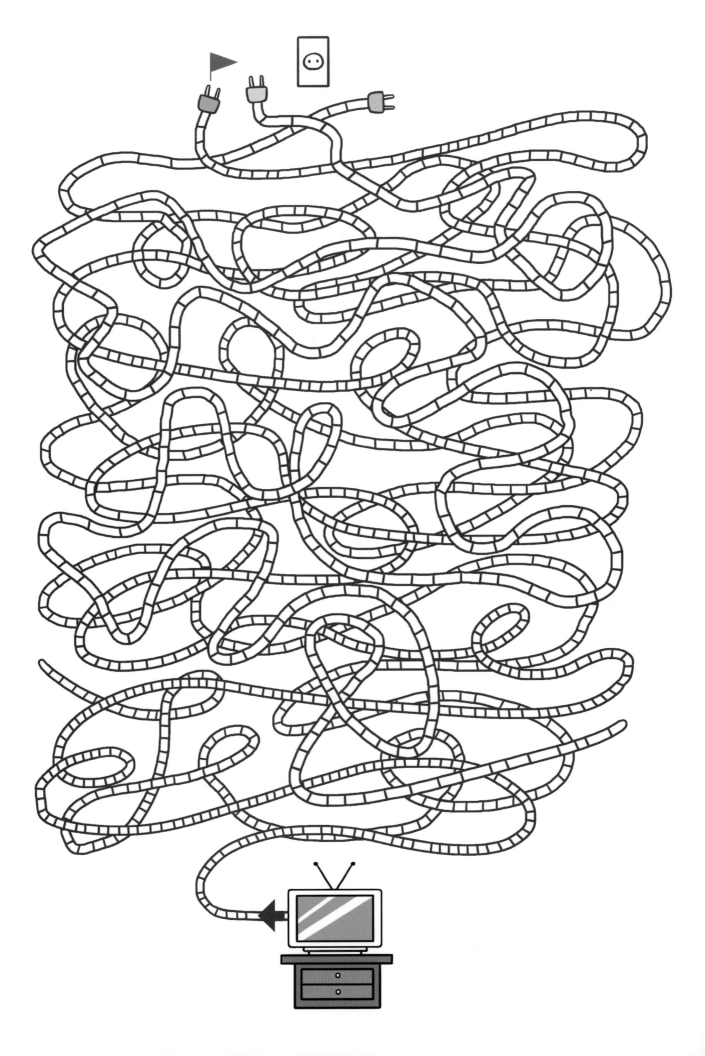

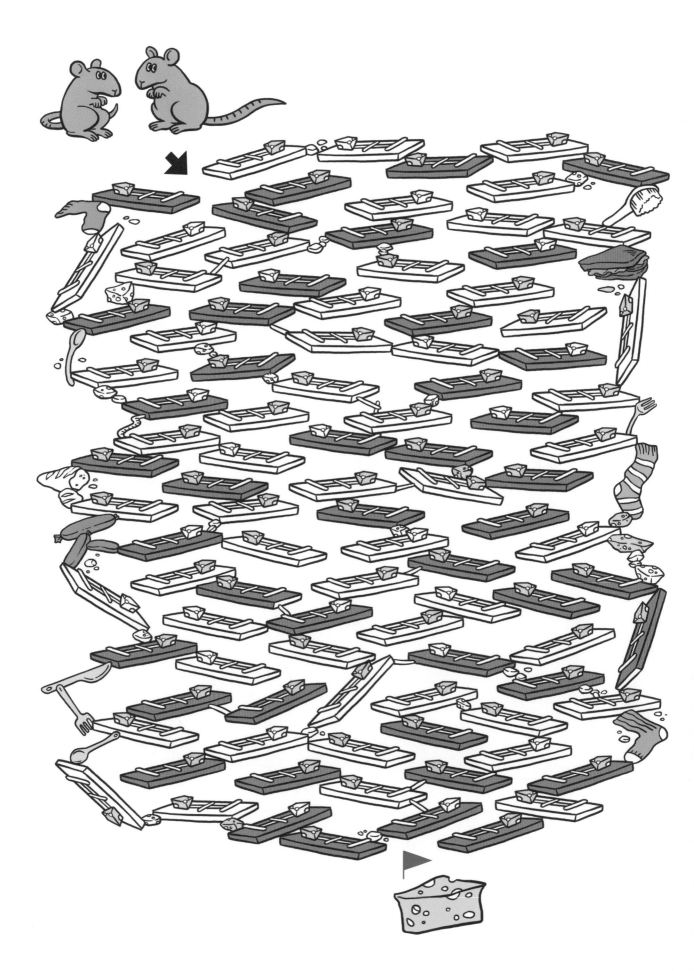

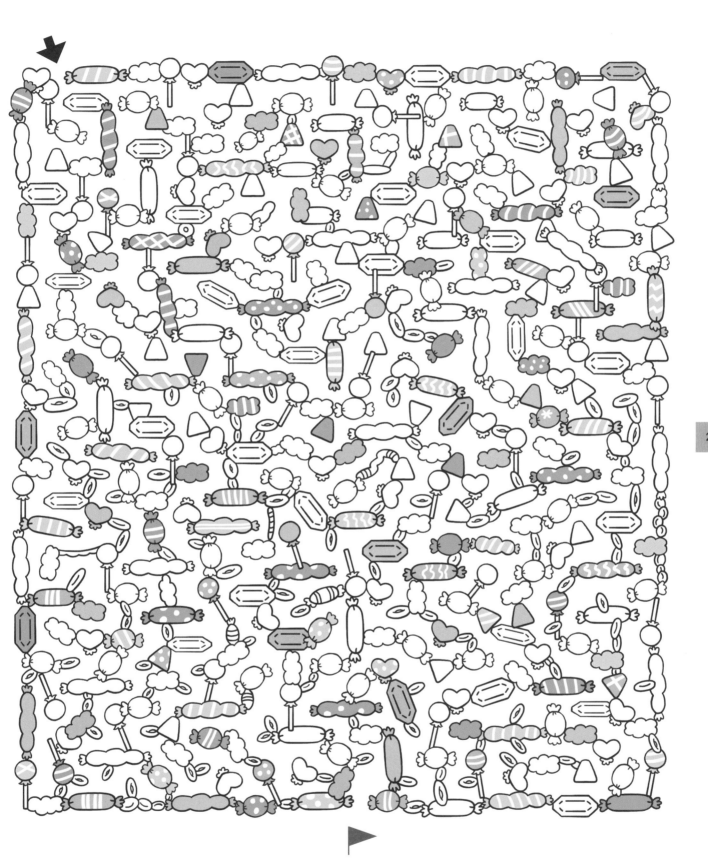

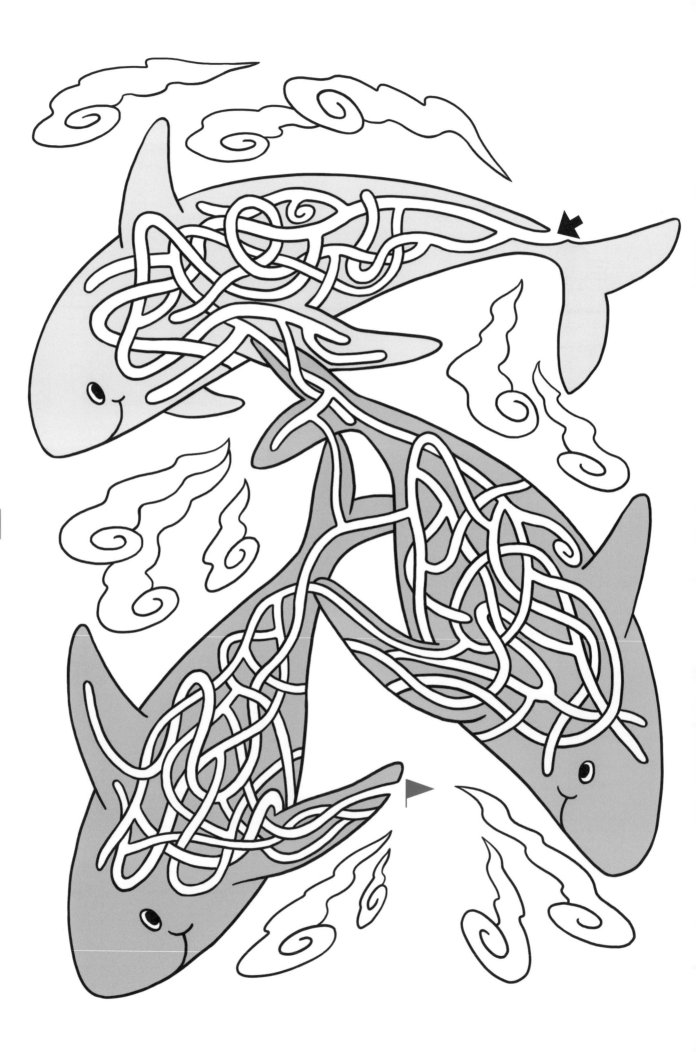

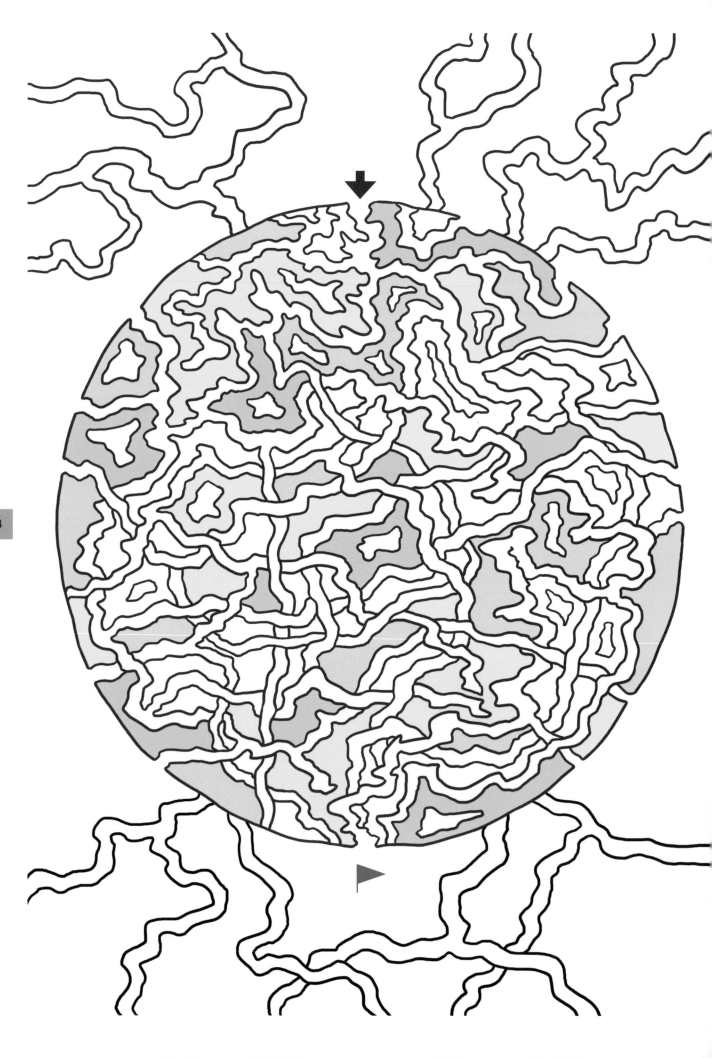

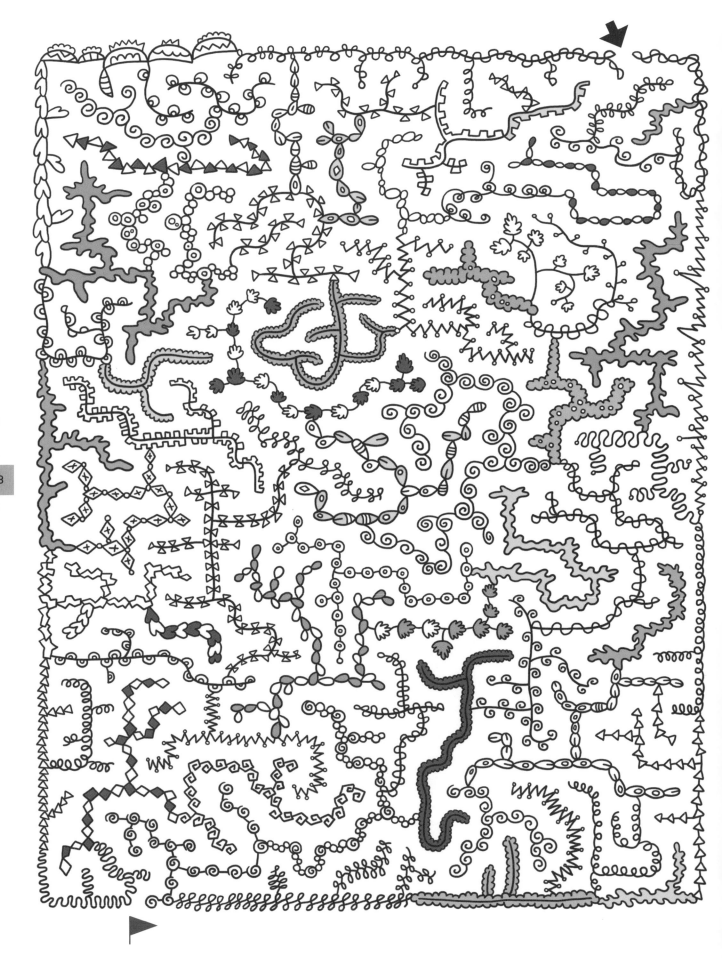

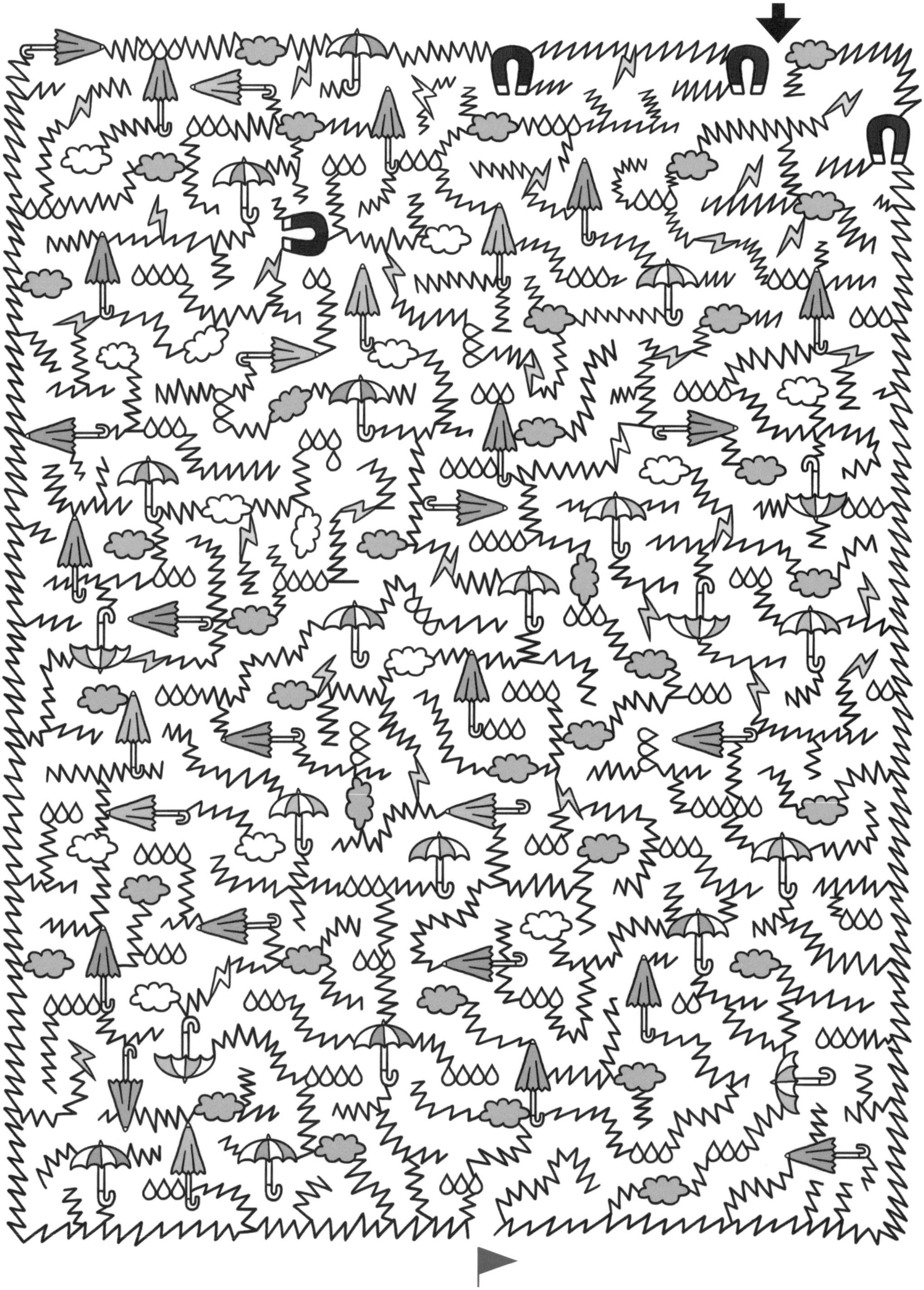

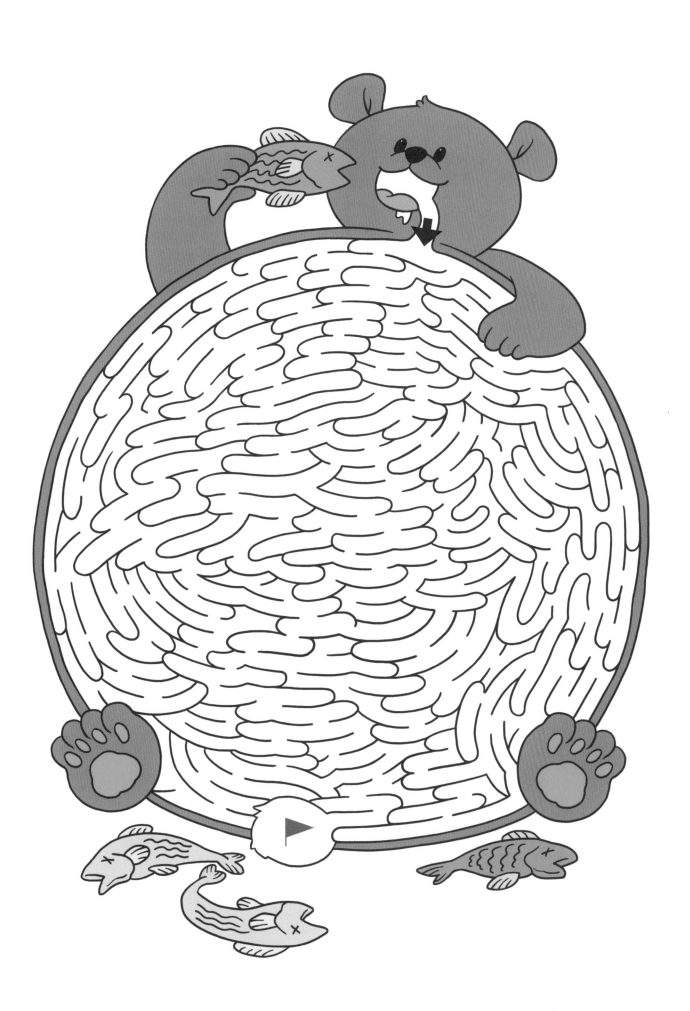

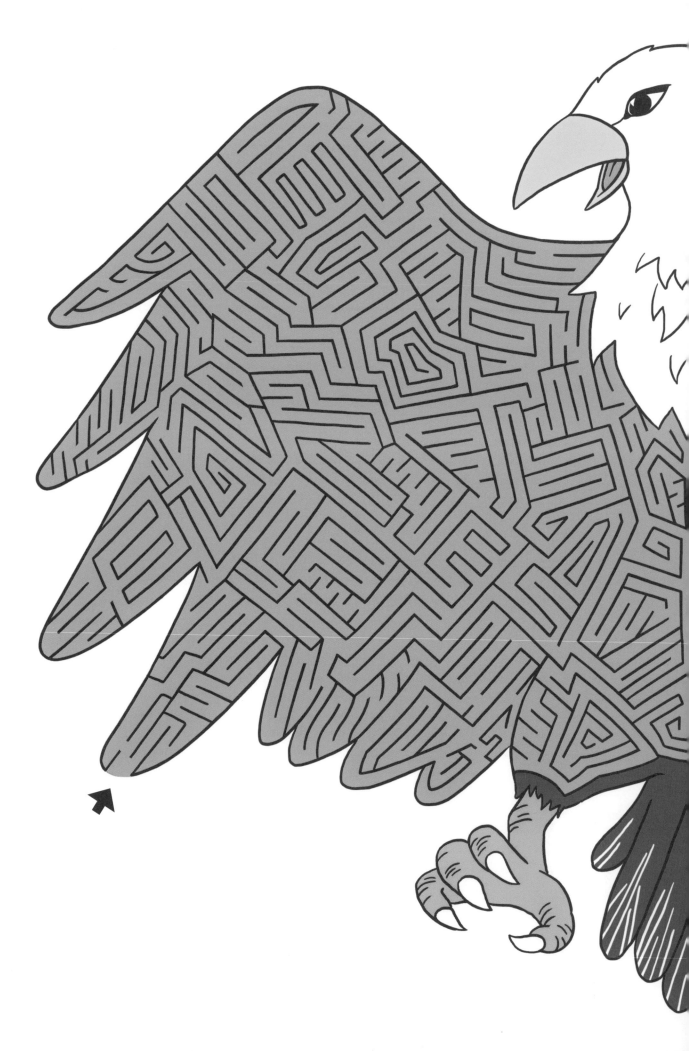

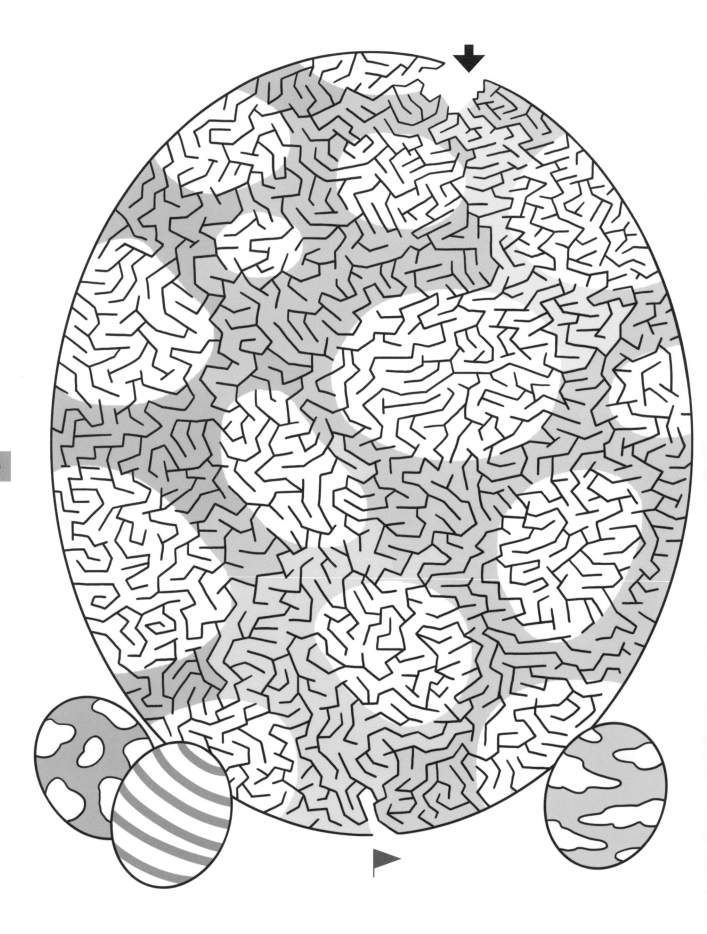

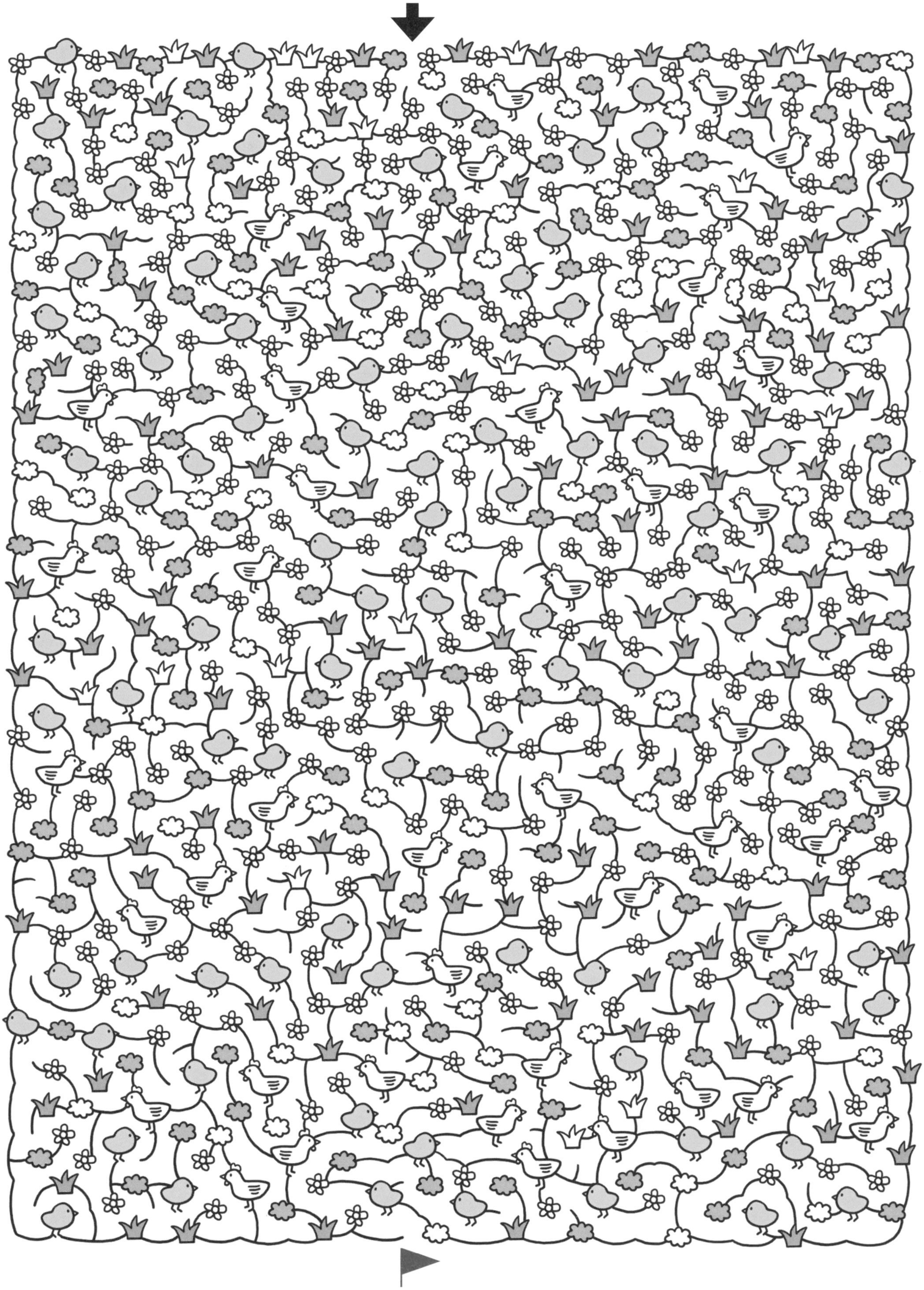

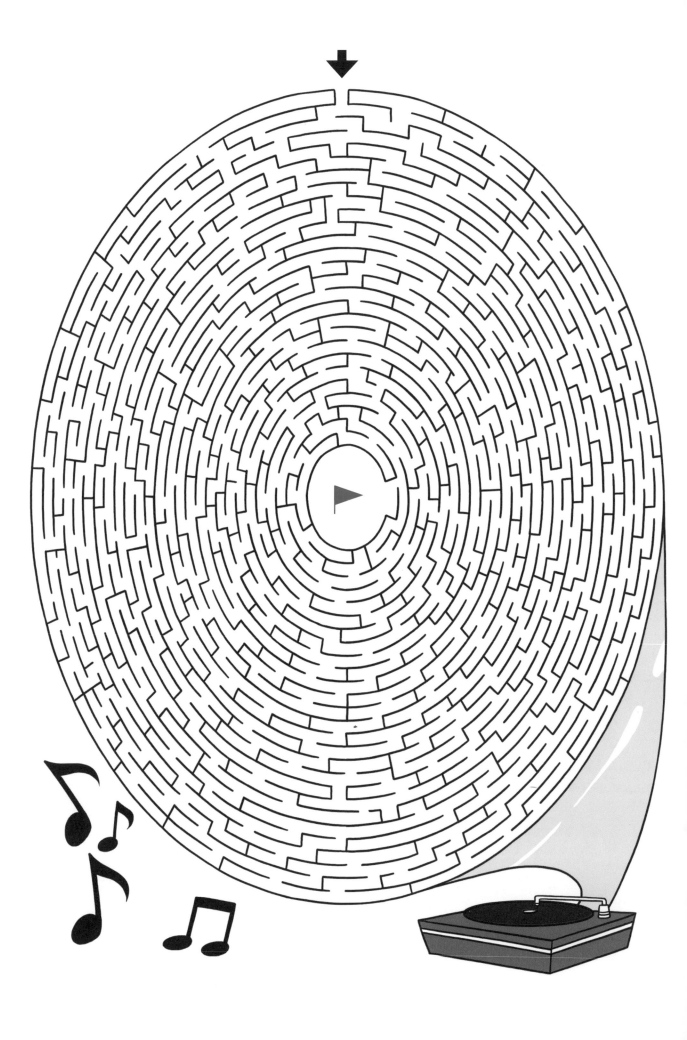

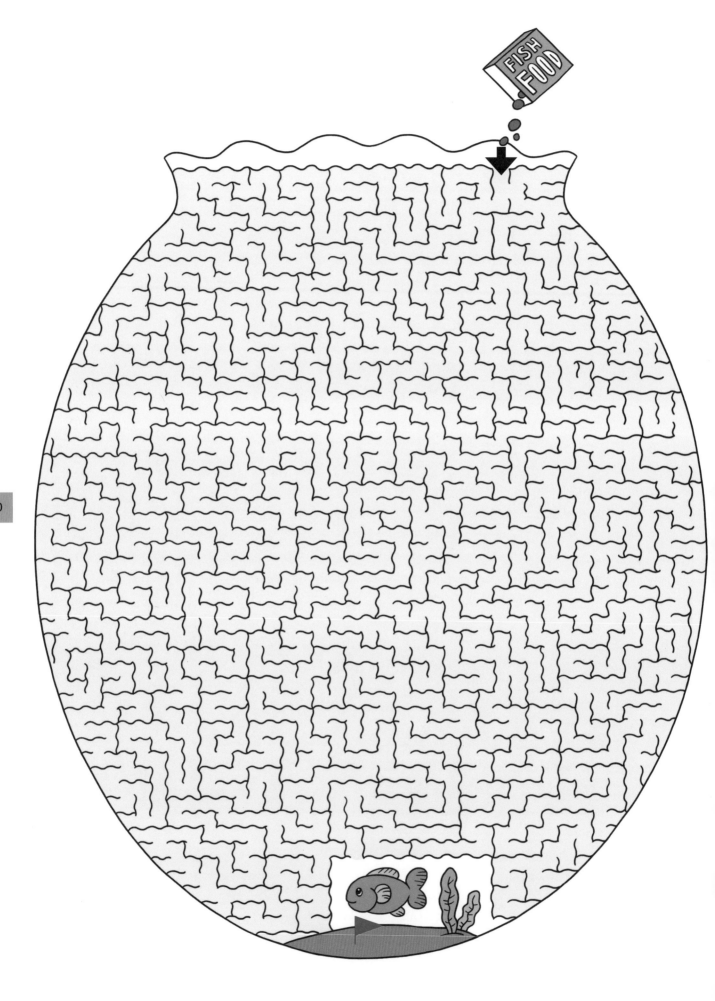

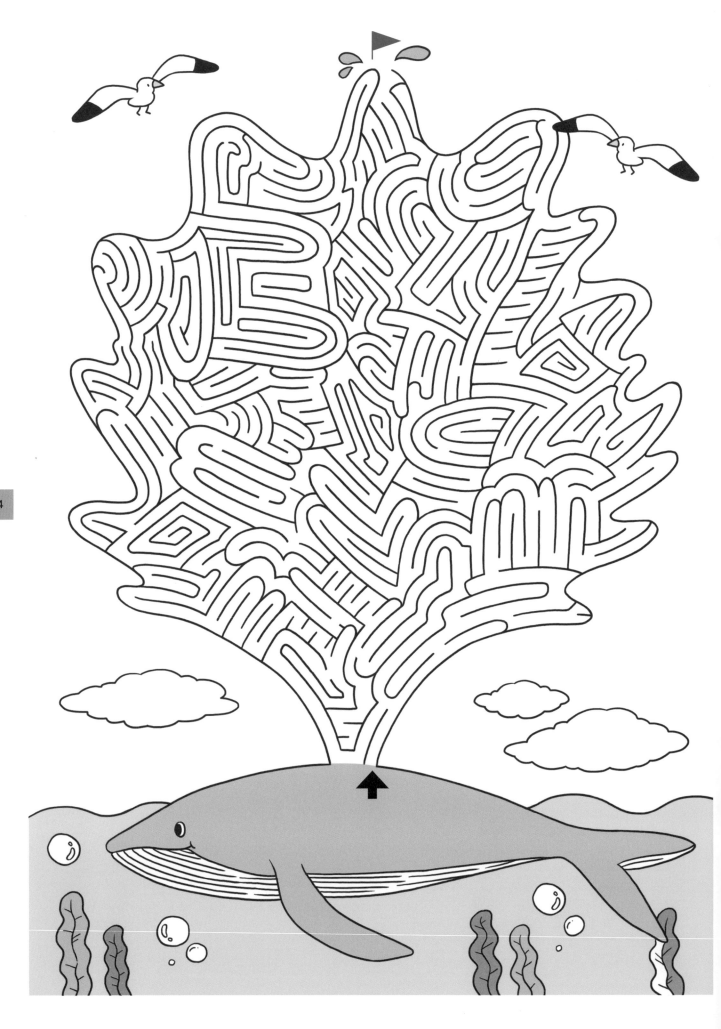

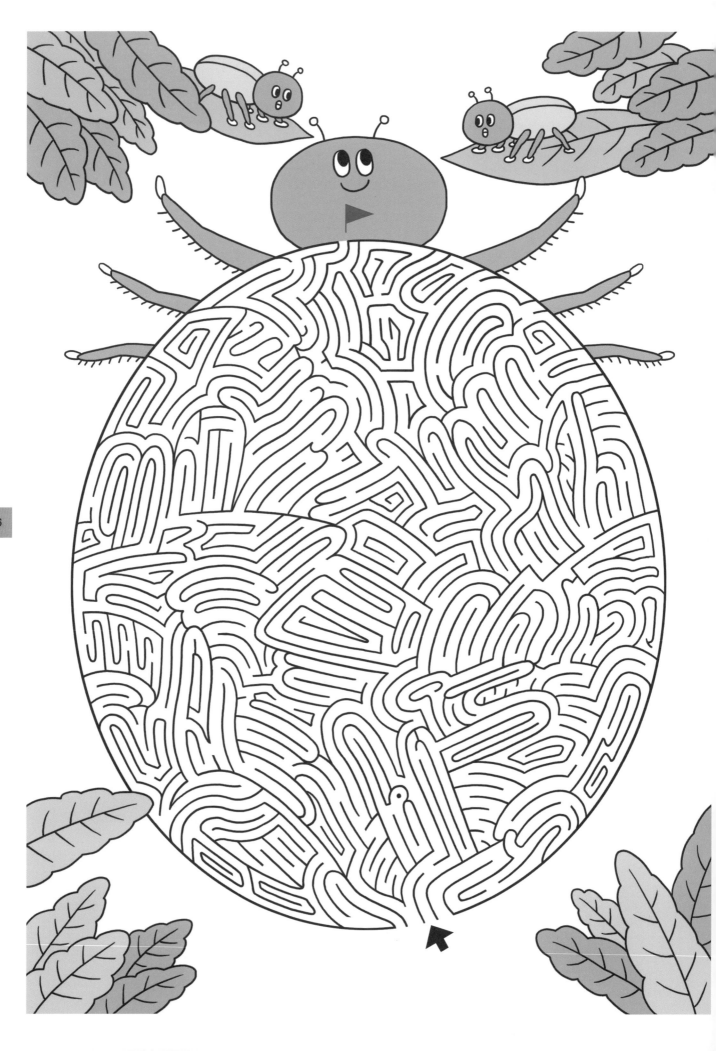

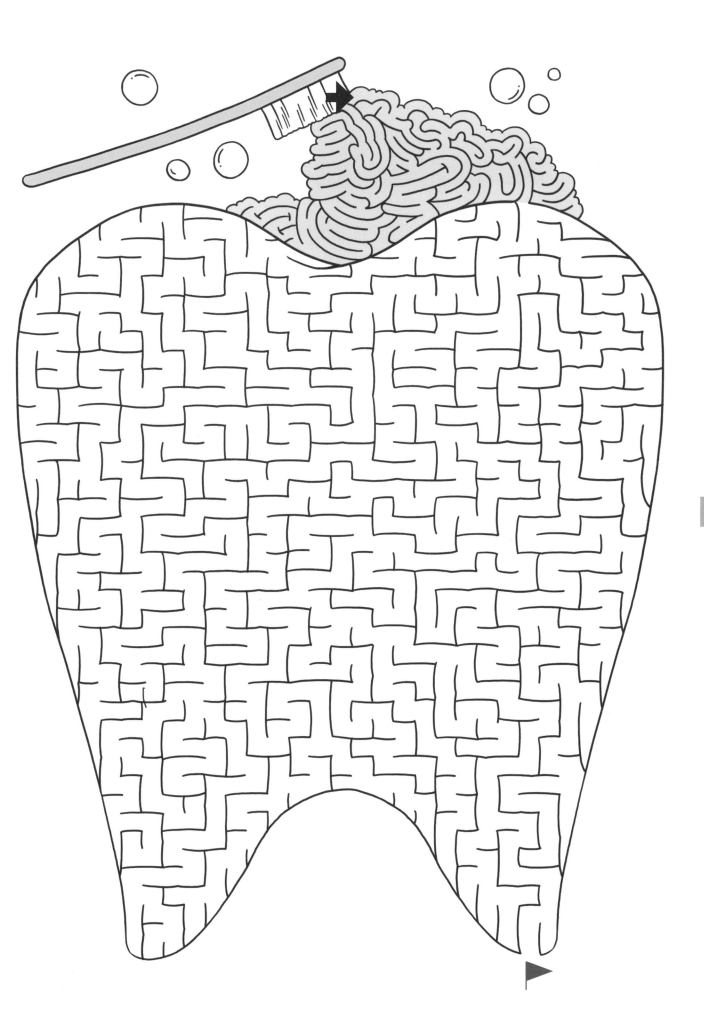

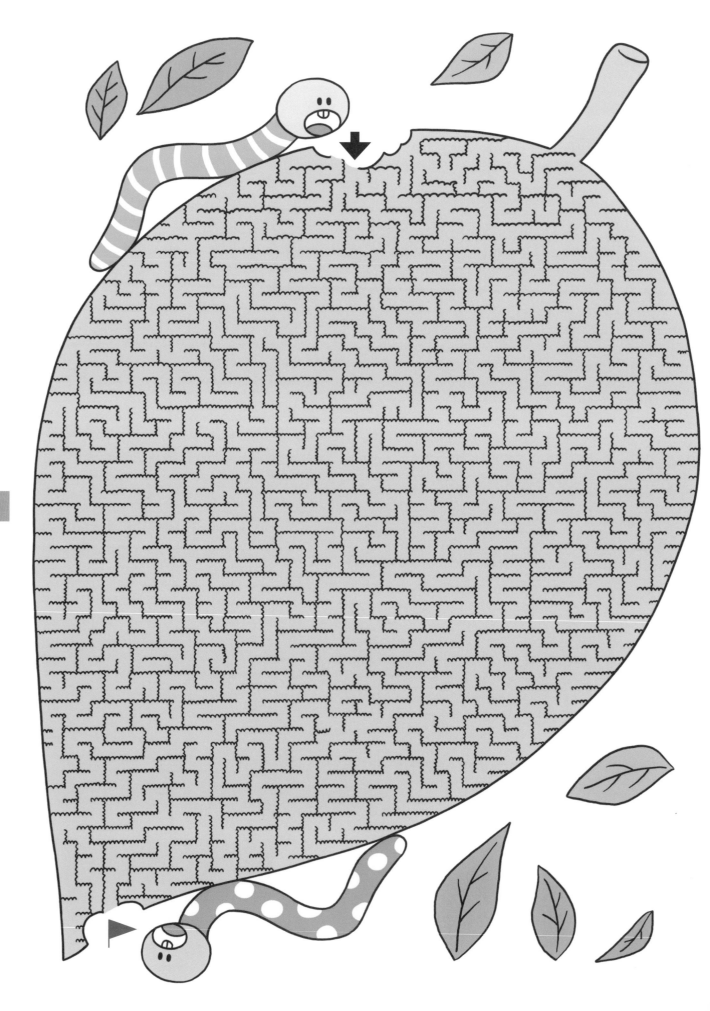

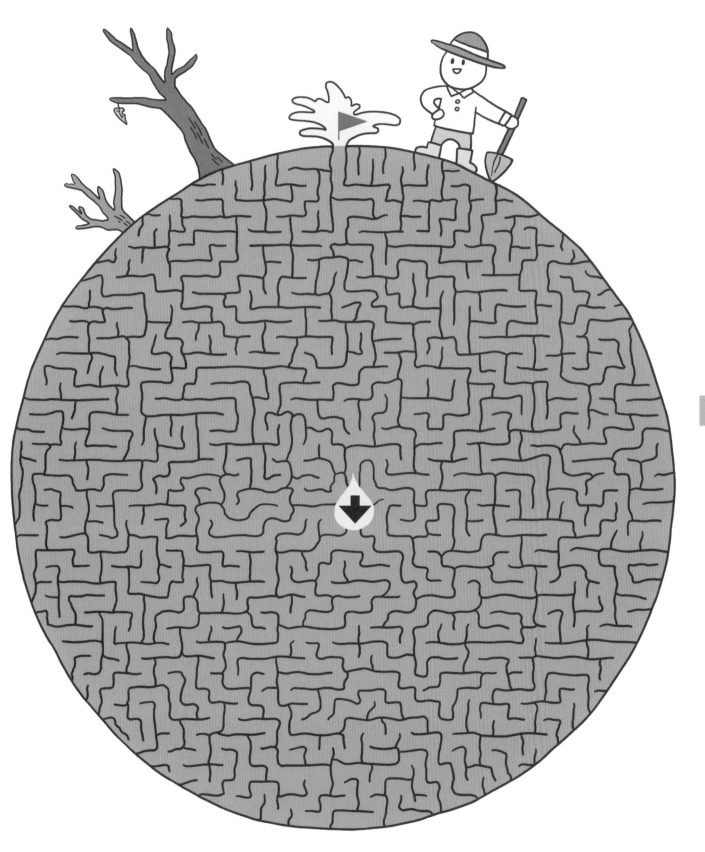

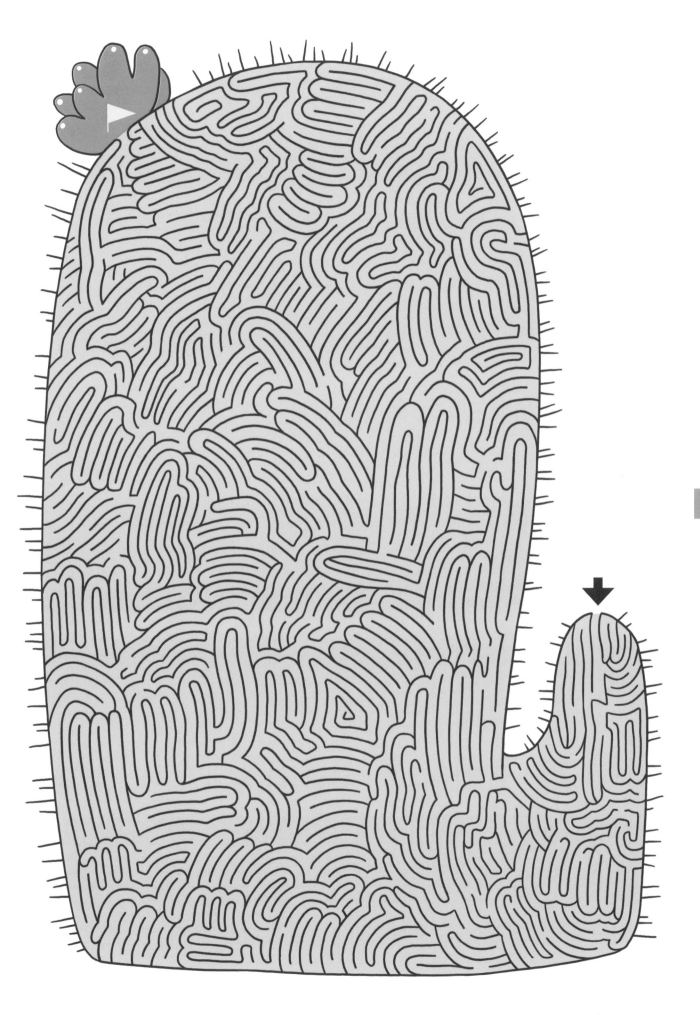

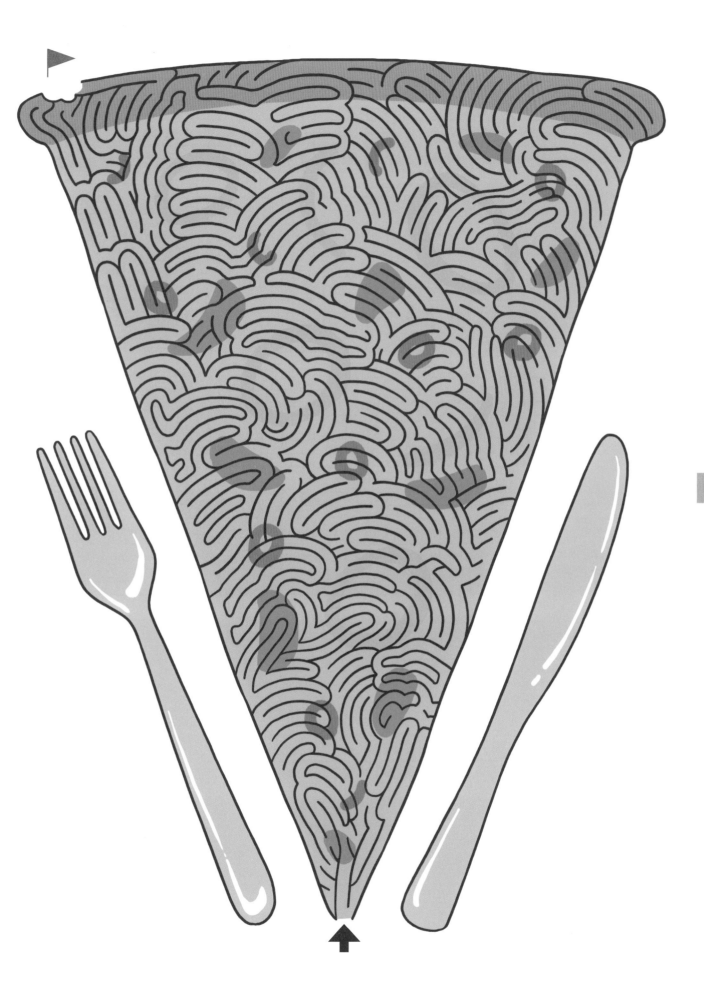

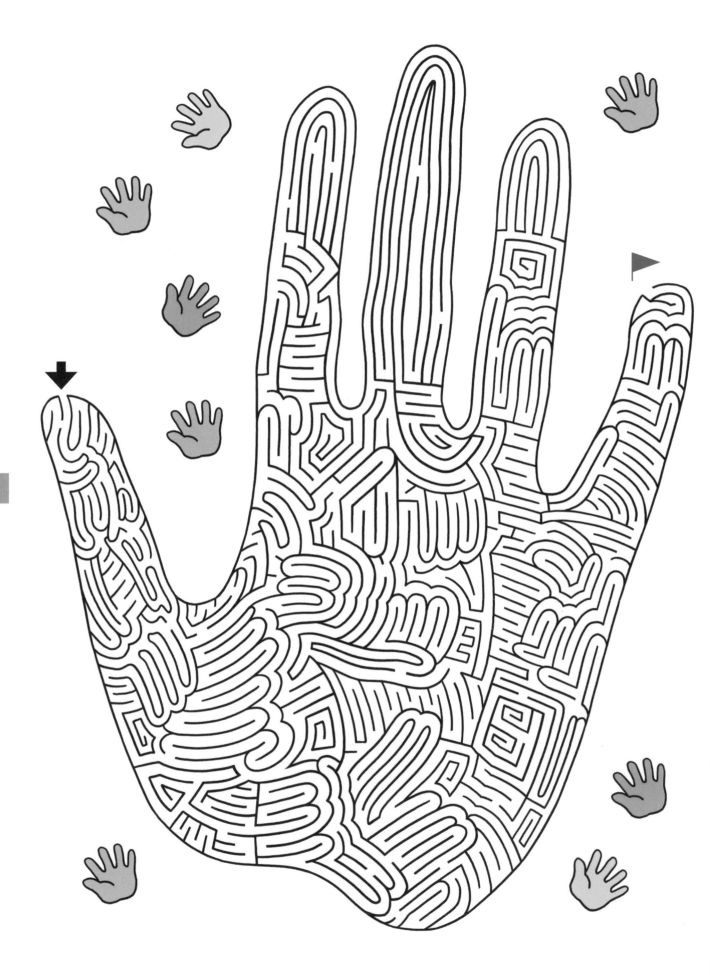

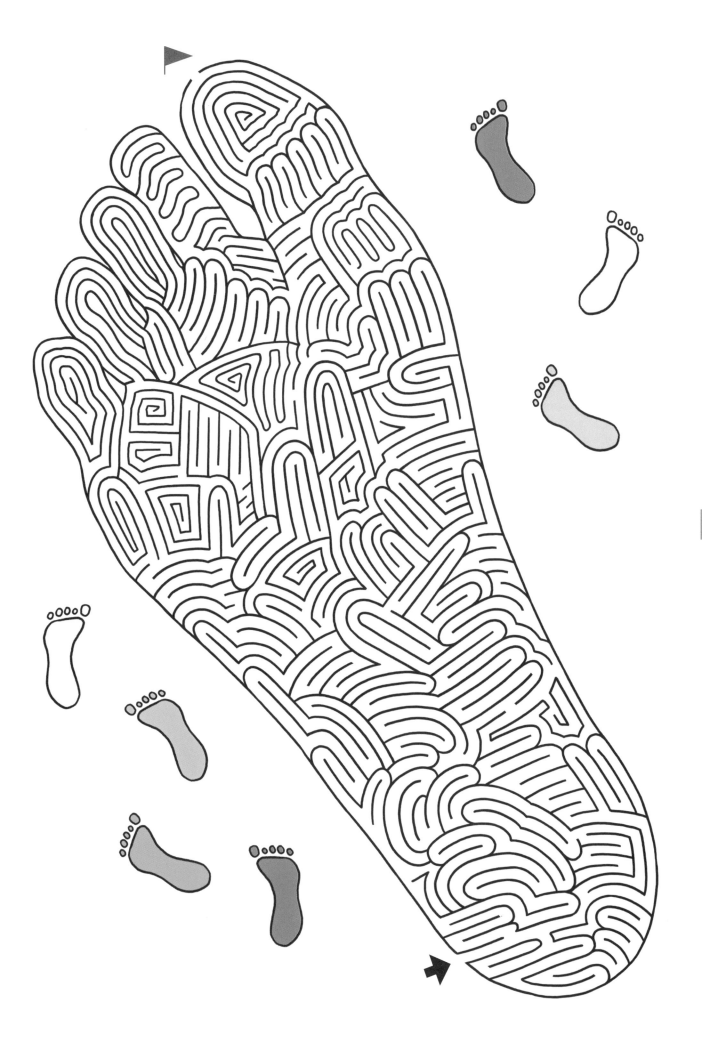

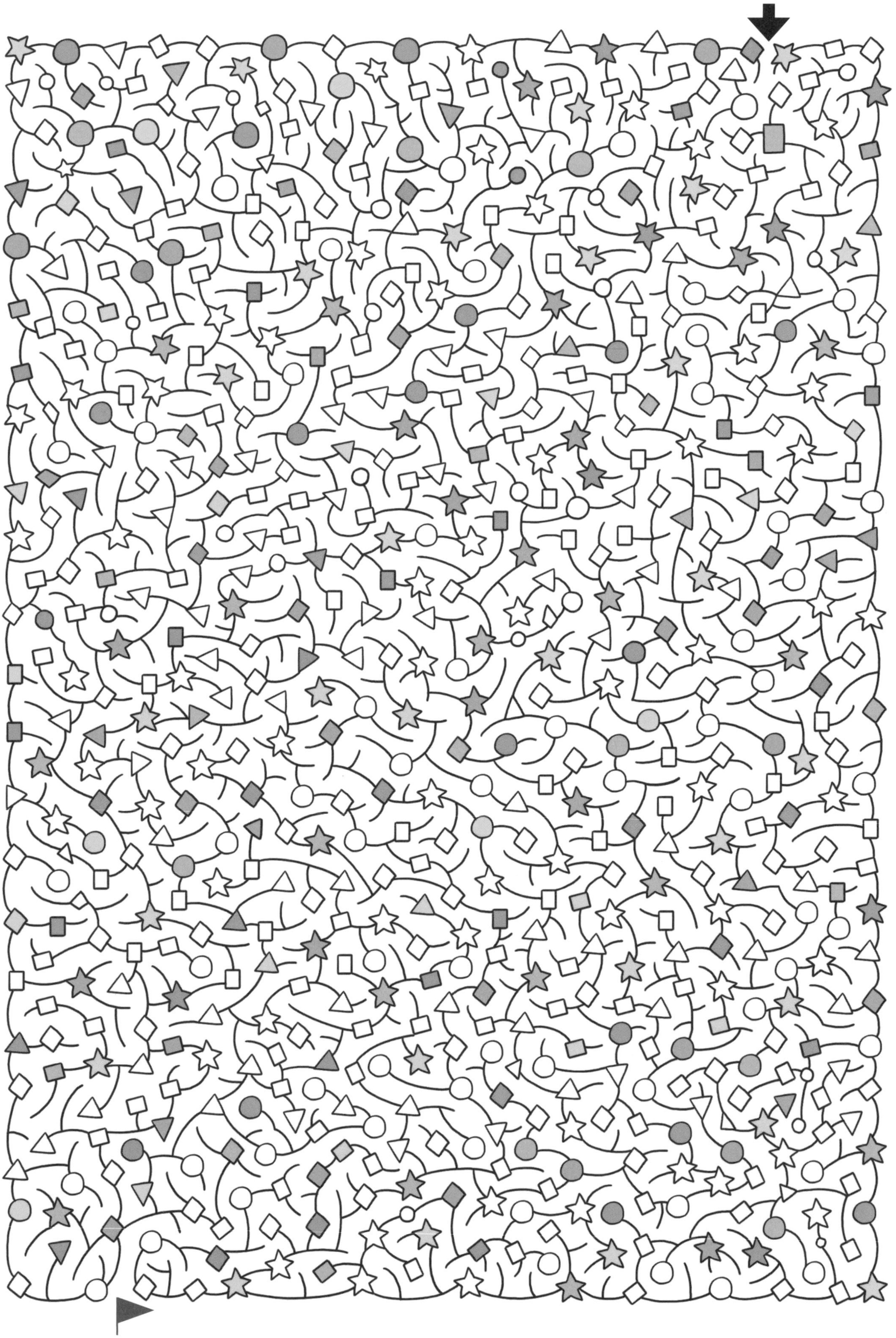

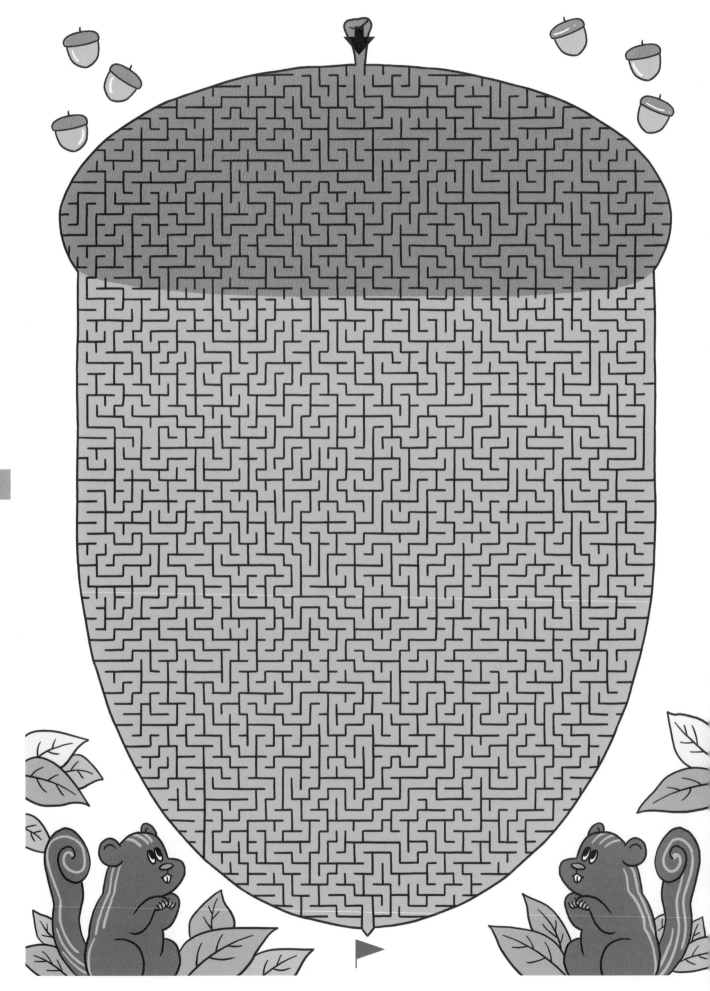

출발 후 도착한 알파벳에서 출구를 찾으세요!

C

A

D

B

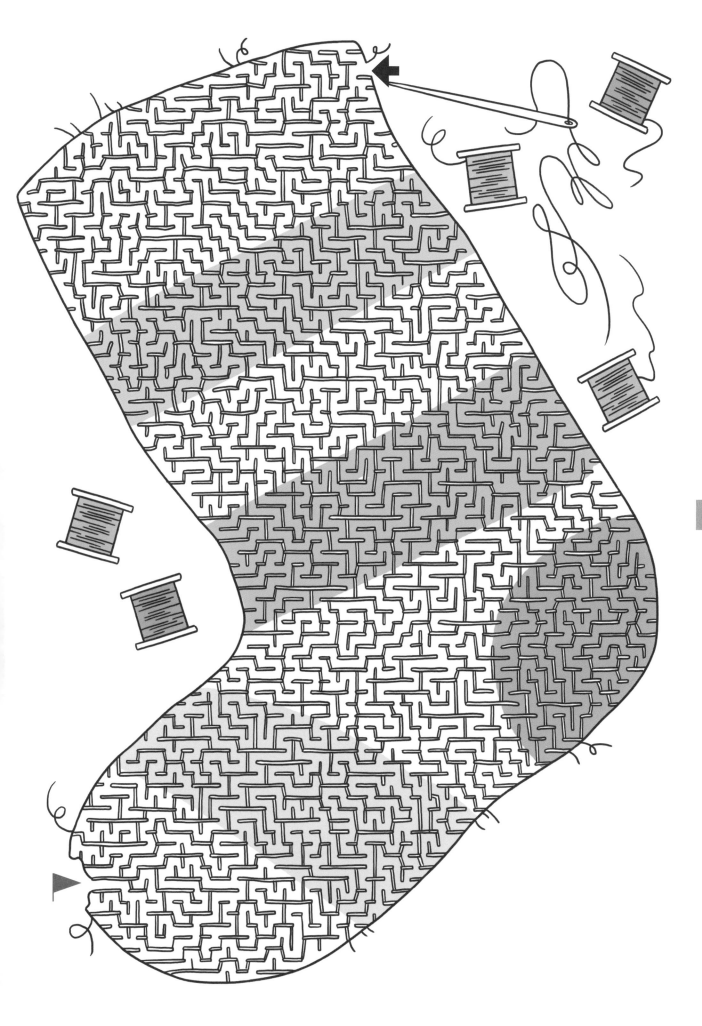

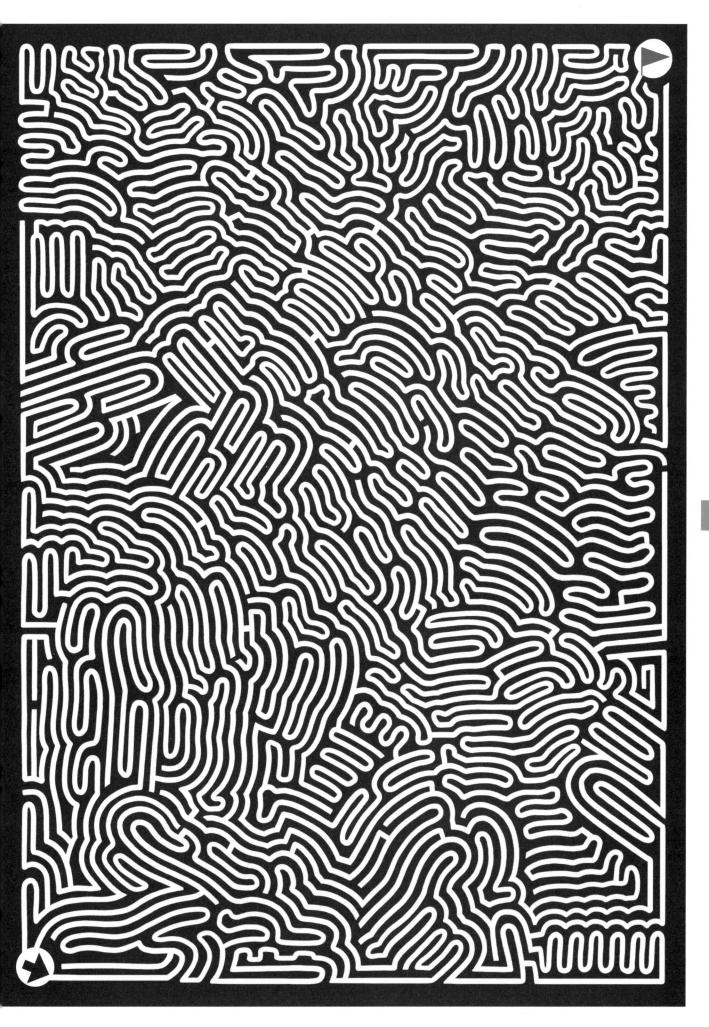

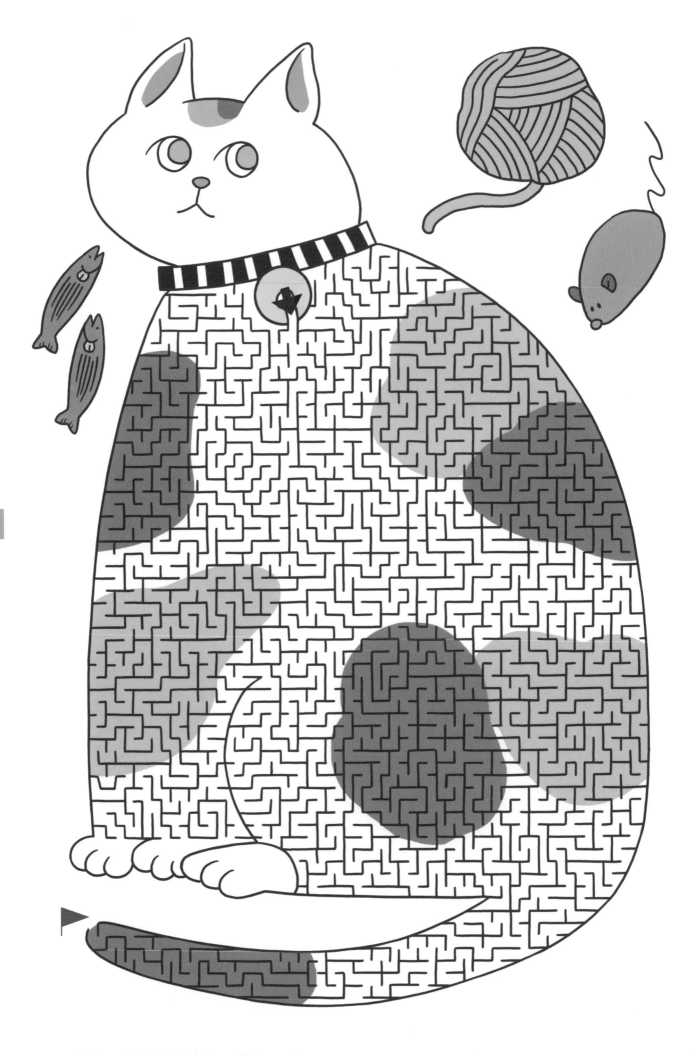

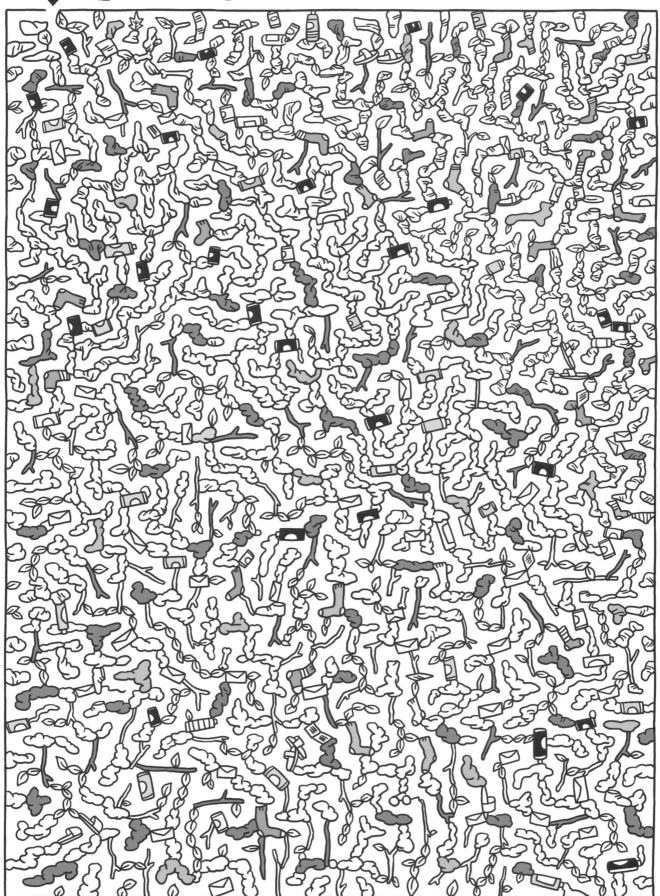

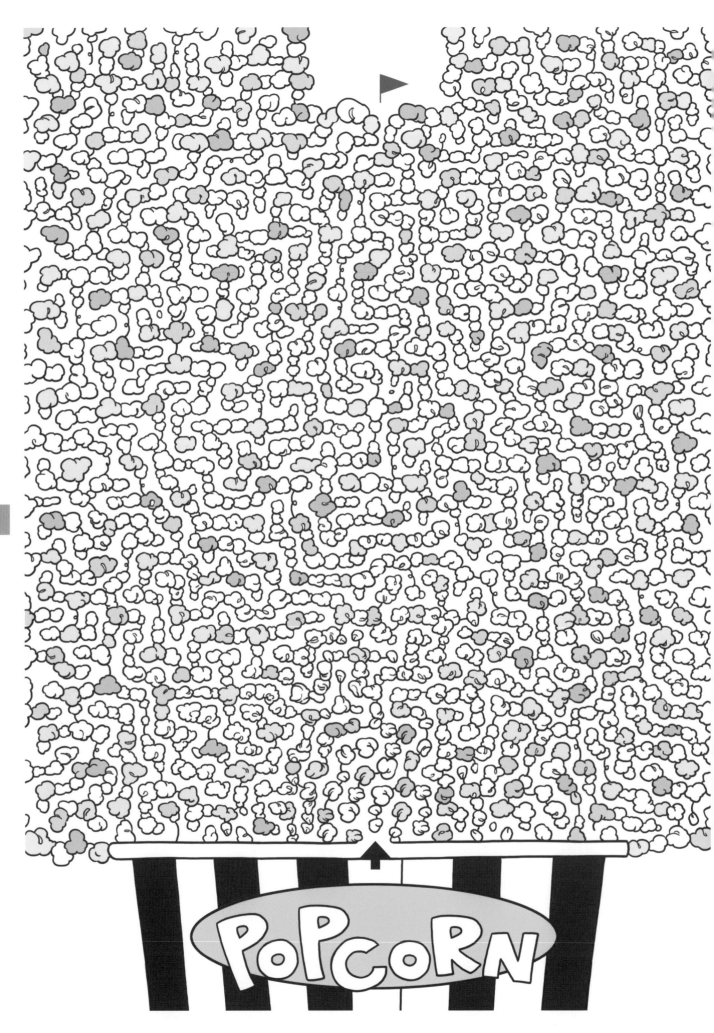

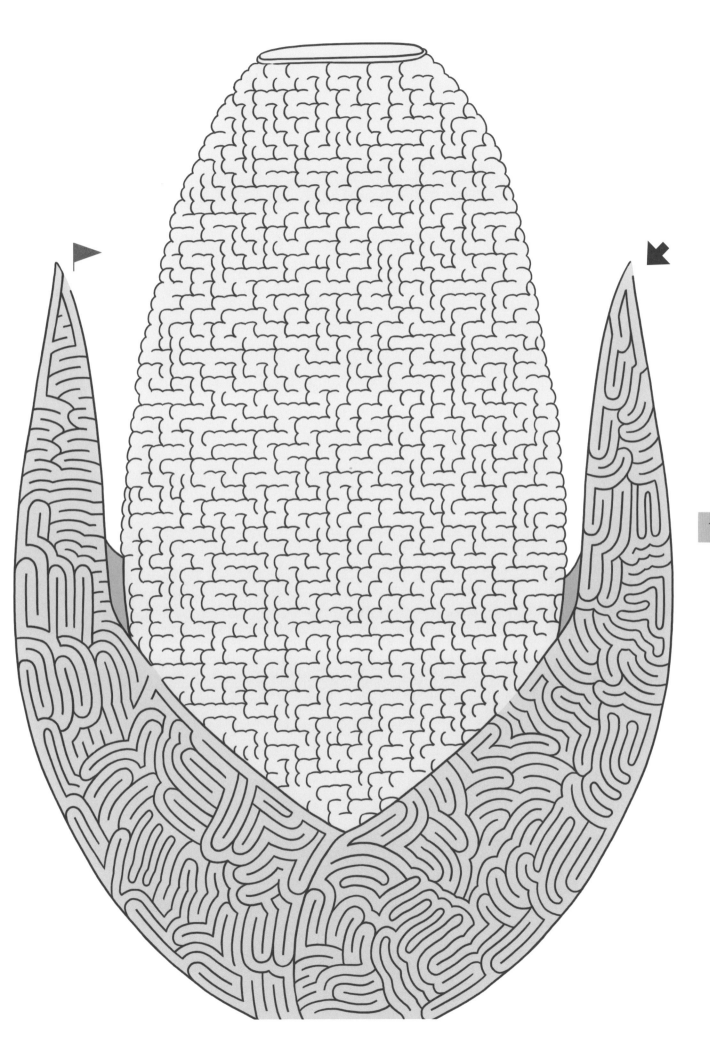

SOLUTION

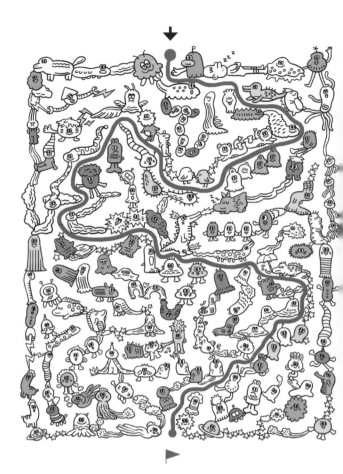

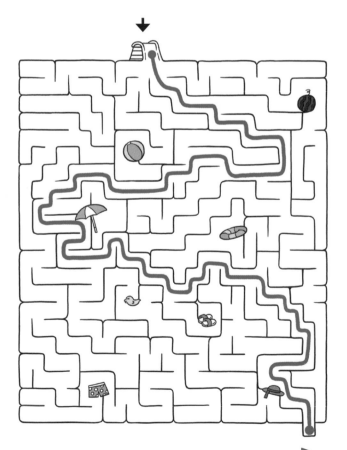

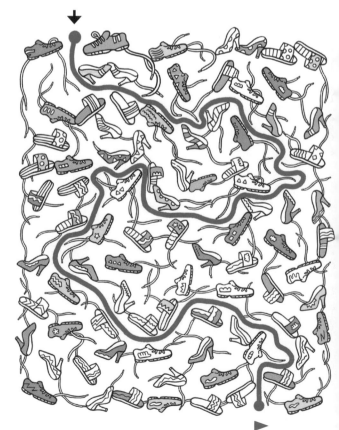

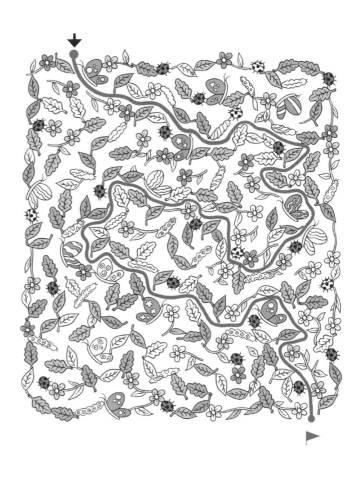

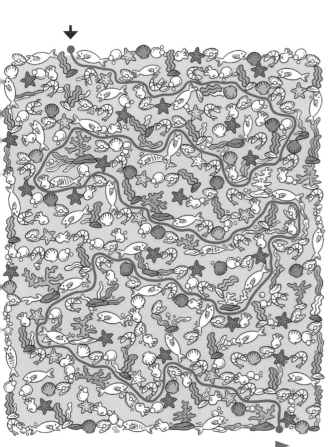

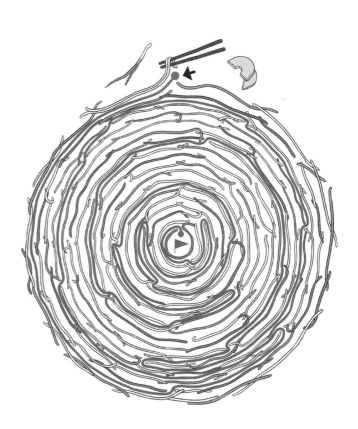

SOLUTION

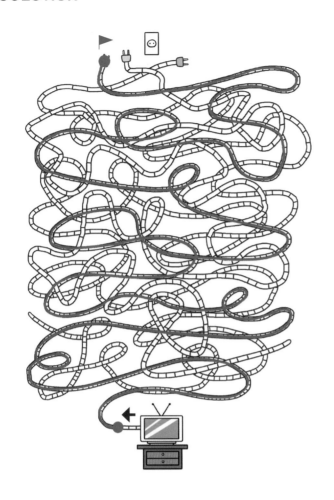

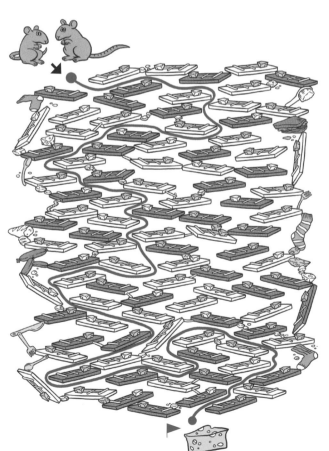

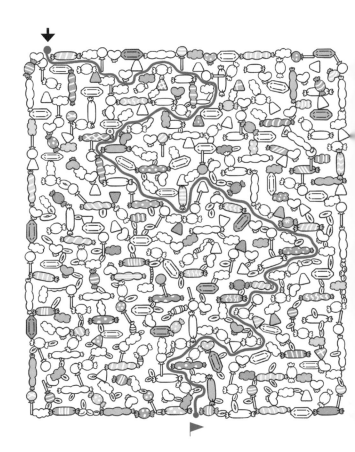

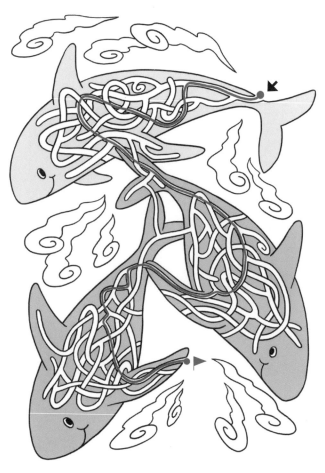

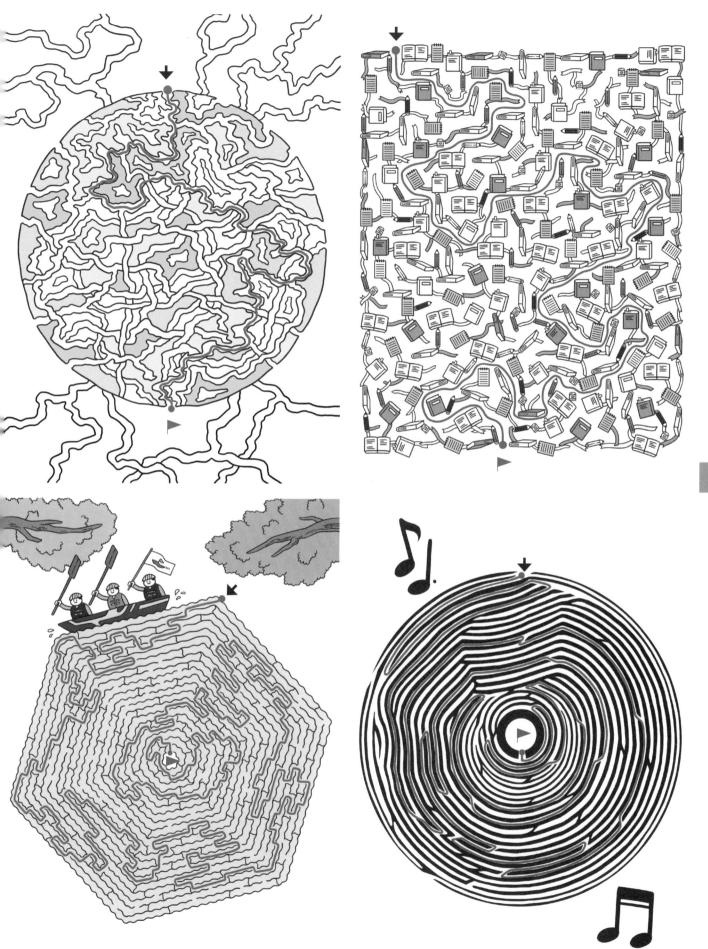

SOLUTION

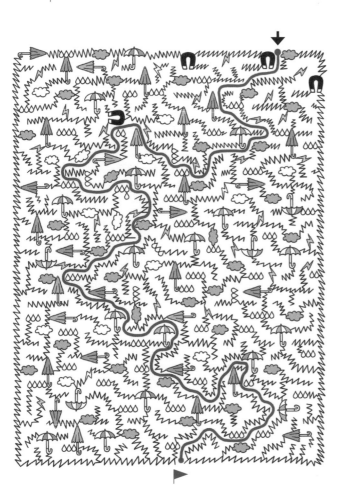

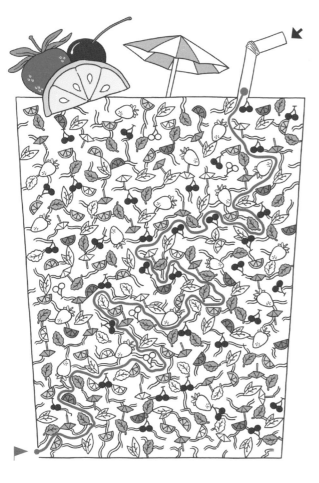

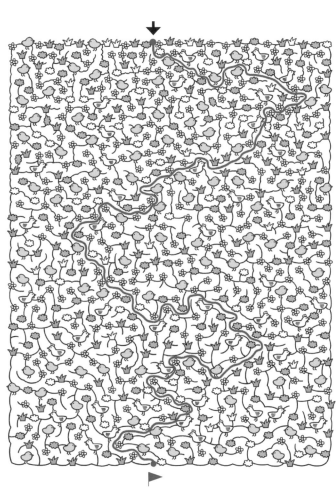

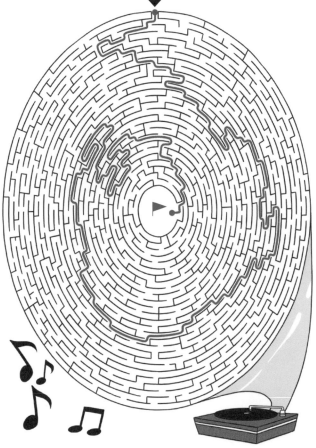

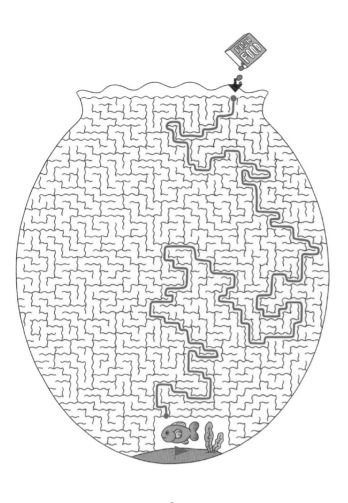

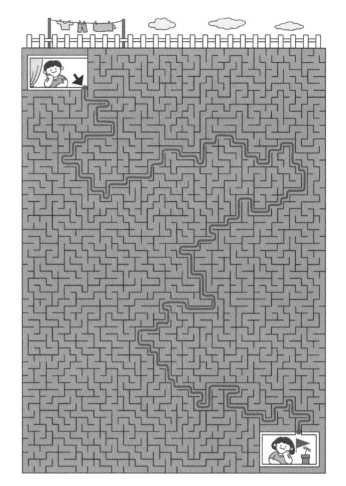

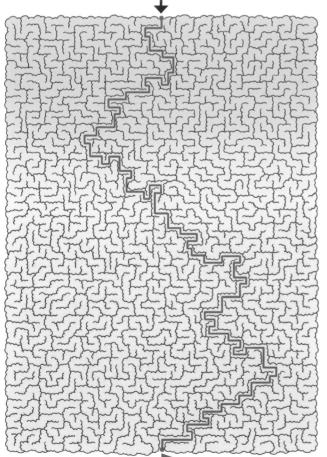

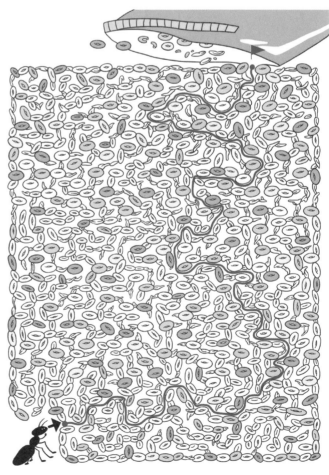

Maze

Escape

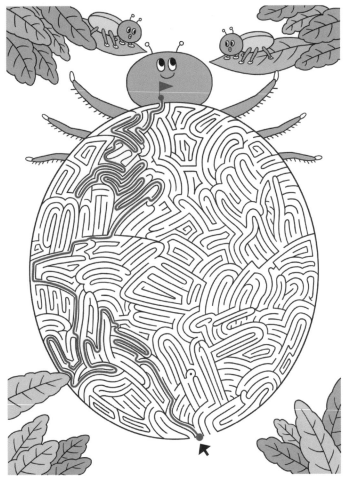

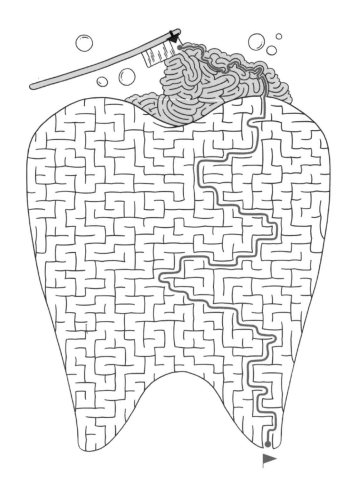

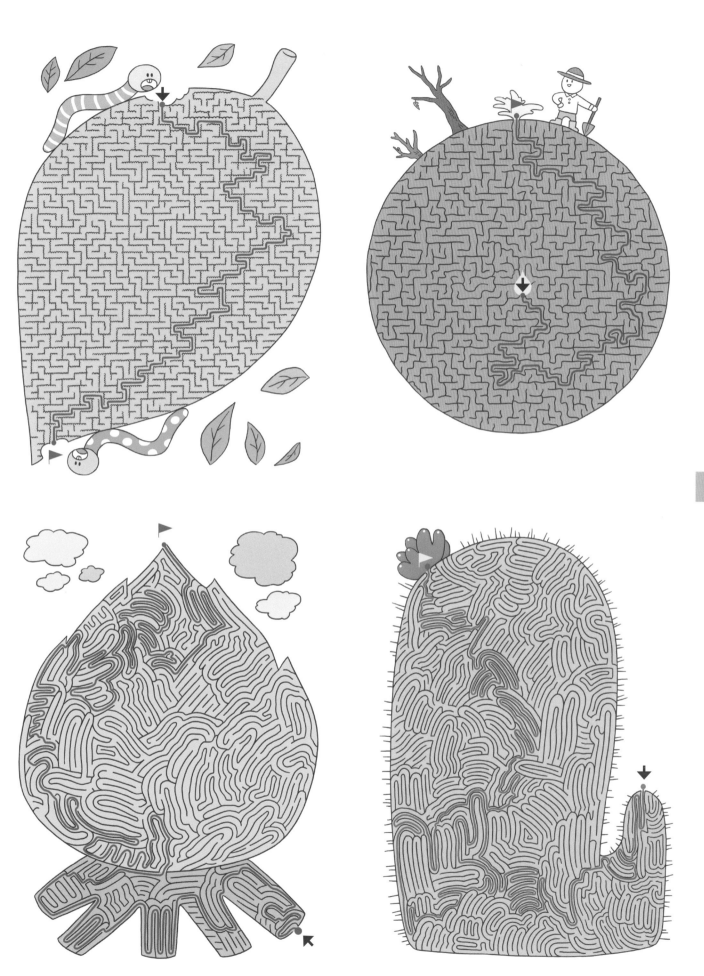

SOLUTION

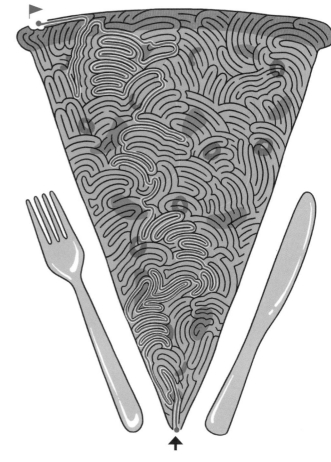

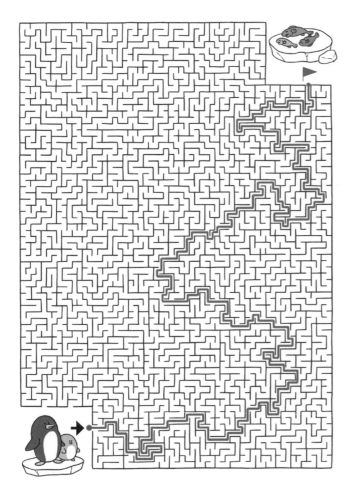

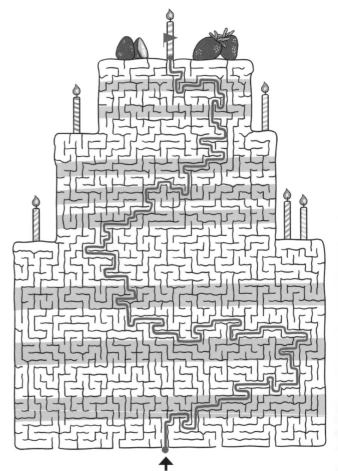

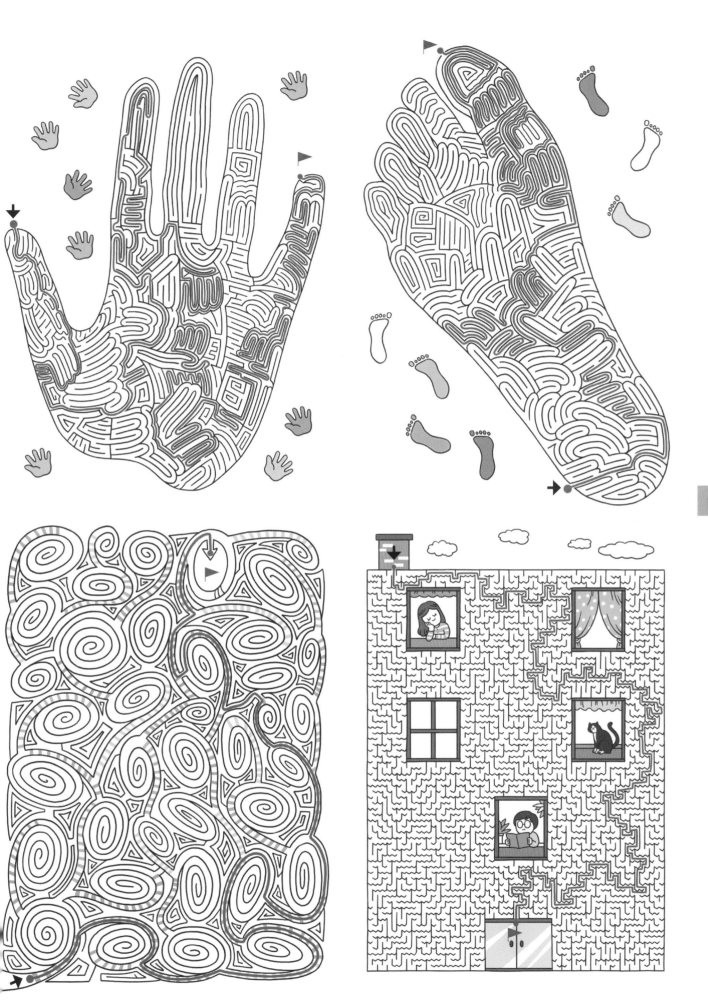

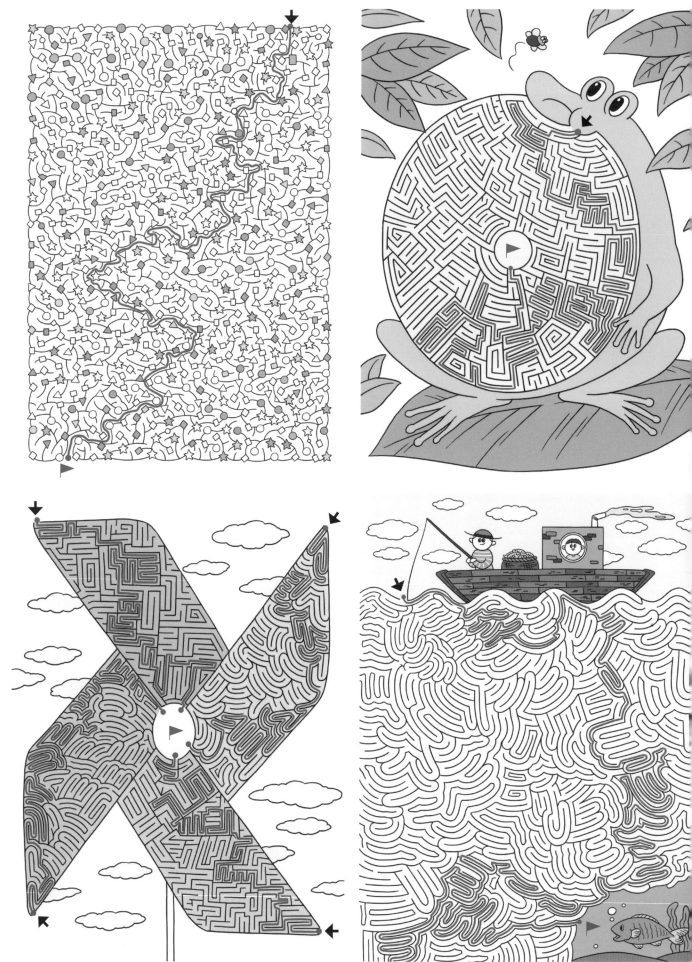

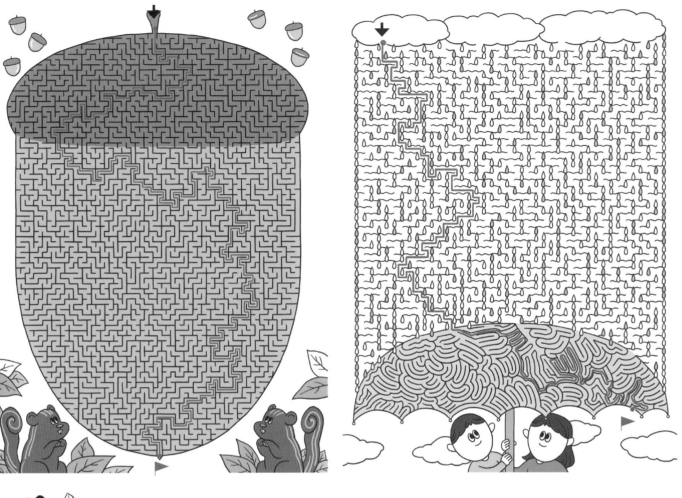

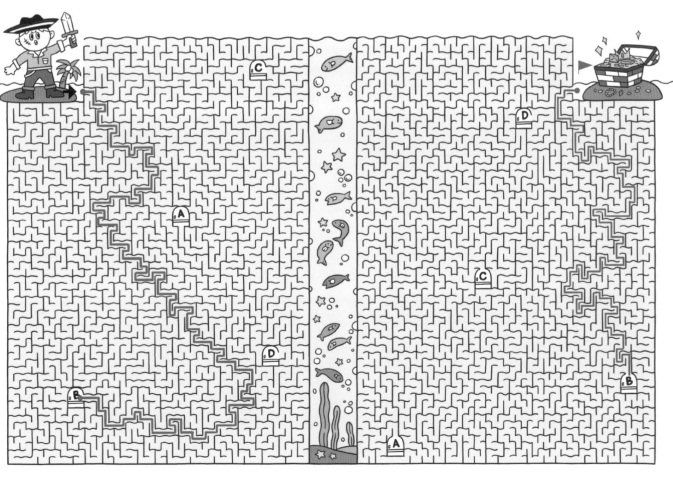

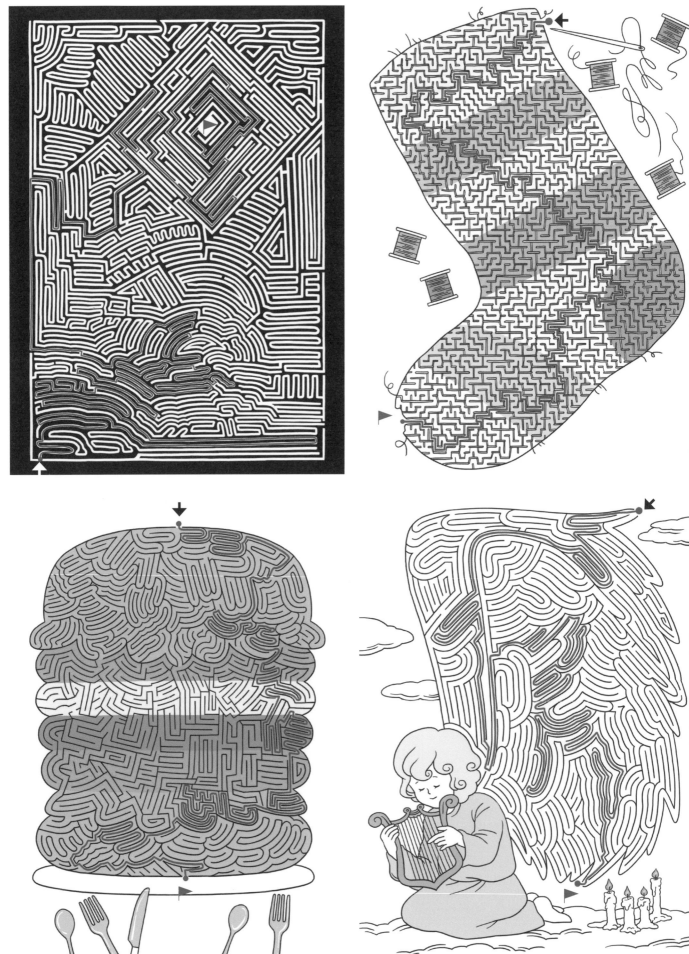

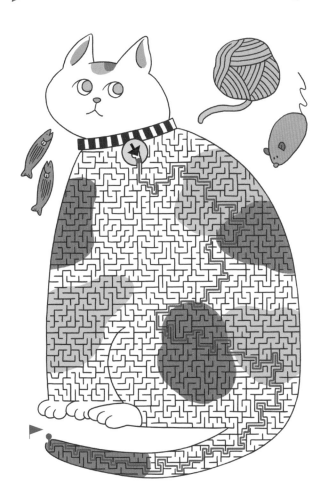

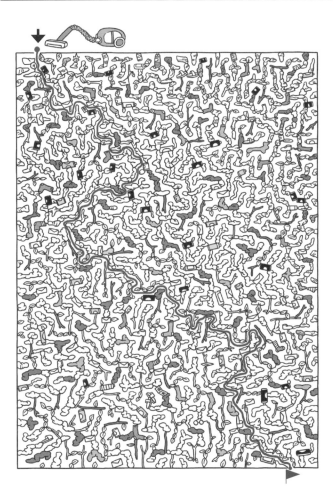

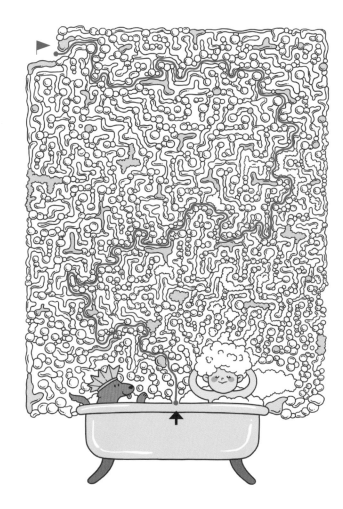

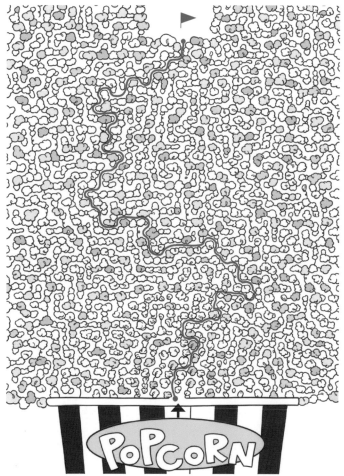

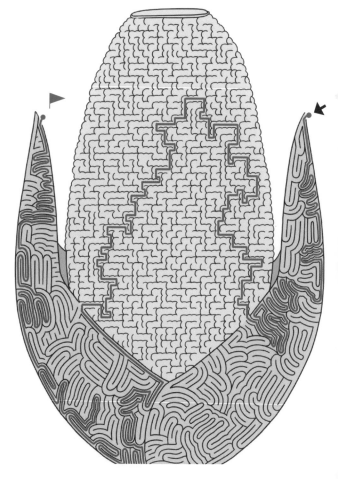

새로운 스타일의 두뇌 플레이북이 등장했어요.
쉬운 듯! 어려운 듯! 알쏭달쏭한!
언제 어디서든 누구라도 즐길 수 있는 두뇌 플레이.
누가 누가 잘하나 내기해봐요.
지루할 틈이 없어요!

집중력과 기억력을 높이고 싶다면?
두뇌 트레이닝이 필요하다면?
색칠놀이도 함께하고 싶다면?

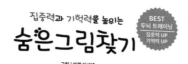

집중력과 기억력을 높이는
숨은그림찾기
아델 디샤넬 지음 | 값 10,000원

집중력과 기억력을 높이는
다른 그림 찾기
아델 디샤넬 지음 | 값 10,000원